Irmgard Gierl
Stickmusterschatz

Sonderausgabe von
Festliche Stickereien
und
Europäische Stickereien
von Irmgard Gierl

Irmgard Gierl

STICKMUSTER SCHATZ

Eine Auswahl erlesener Motive

Erster Teil
FESTLICHE STICKEREIEN

rosenheimer

Inhalt

*Darin waren unsere Vorfahren
klüger als wir,
denn in ihrem Universum
ließen sie sehr viel Platz
frei für die Magie,
warnten aber jedermann,
sich davor in acht zu nehmen.*

J. B. Priestley

Mit großartiger Selbstverständlichkeit stand einst die Religion im Leben der Menschen. Wie die Dome über das Land hinragten, so beherrschte das Kirchenjahr vom Advent bis zur Auferstehung die Stufen des irdischen Wandels. Mit bedeutungsvollen Symbolen ragte die Wunderkraft des Jenseitigen ins Leben jedes einzelnen. Aber ebenso mischten sich heidnische Vorstellungen in die Glaubenswelt des Mittelalters, und sie sind bis heute noch nicht ganz verschwunden.

Freilich, vieles im Fühlen und Denken der Menschen hat sich verändert, alte Vorstellungen sind neuzeitlichen, von rationalem Geist bestimmten Anschauungen gewichen – auch auf dem Land, wo Überkommenes stets sorgfältiger bewahrt wird als in der urbanen Gesellschaft. Aber nirgends erhielten sich die alten Sitten unveränderter als in den Bräuchen des Jahreslaufes und in den Festen, die das menschliche Leben bei Geburt, Hochzeit und Tod begleiten. Die Bedürfnisse gerade des bäuerlichen Daseins waren zwar bescheiden im Alltag, doch wenn ein Fest gefeiert wurde, dann geschah dies mit entsprechendem Aufwand, nicht nur beim Mahl, sondern bei der gesamten Ausstattung. An Kleidung, Schmuck und Dekoration wurde alles aufgeboten, was die Kunstfertigkeit des ländlichen Handwerks und des bäuerlichen Handarbeitens an Farbigkeit und Pracht zu leisten vermochte.

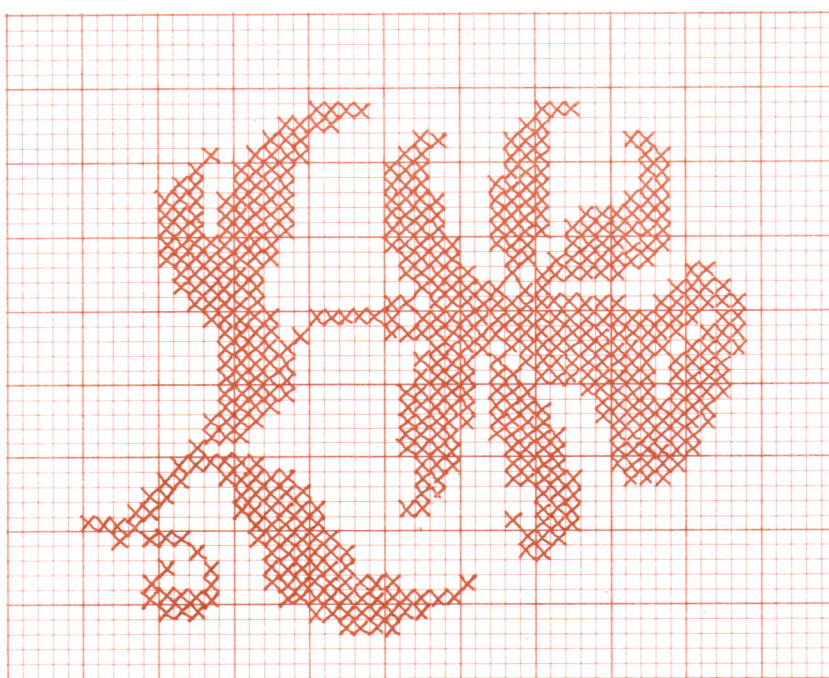

Hochzeit

So aufwendig uns die heutigen Hochzeitsfeierlichkeiten erscheinen mögen, sie nehmen sich bescheiden aus gegenüber den Gebräuchen unserer Altvordern in der Barock- und Rokokozeit. Damals hatte der Schreiner nicht nur das Mobiliar für die Schlafkammer zu liefern, er mußte es auch bemalen und dazu gegebenenfalls die Vertäfelung an Wänden und Decke. Wochenlang ging die Näherin im Haus der Braut ein und aus und führte ein strenges Regiment über die kichernde Schar ihrer Lehrmädchen, wenn sie Handtücher und Hemden, Kissenbezüge und Nachtjacken in den Brautkasten einrichteten. In die Zwischenräume schob man Wachsstöcke, bunte Schleifen und die »Haareisel«, eingedrehte Flachsbüschel. Der Brautkasten wurde nicht nur jedem Besucher gezeigt, sondern zusammen mit der übrigen Aussteuer auf dem geschmückten »Kammerwagen« ins Haus des Hochzeiters gefahren. Weil aber das ganze Dorf am Fest teilnahm, wurde alles aufgeboten, um den kritischen Blicken der Nachbarn standzuhalten. Nicht nur die Möbel erhielten immer prächtigere Malereien, auch die Brautleintücher und Kissen, die Handtücher und die Borten an den Schrankfächern wurden reich bestickt, ein Ausdruck des bäuerlichen Standes- und Ehrbewußtseins. Wäre der Brauch des Kammerwagenfahrens nicht so lange lebendig geblieben, hätten manche Kästen keine Bemalung, manches Leintuch keine Stickerei mehr erhalten.
Denn die Aussteuer lag ja nicht nur aufgestapelt in den Schubladen, vielmehr war das Bett mit all seinen Kissen und Polstern mit feinem Leinen bezogen, wobei die Stickerei voll zur Geltung kommen sollte. Darum sind die Verzierungen bei alten Kissenbezügen nicht etwa in der Mitte angebracht, wie wir es heutzutage gewöhnt sind, sondern auf der Schmalseite. So konnte man die mühselige Arbeit bewundern, auch wenn mehrere Kissen aufeinandergetürmt waren.
Um die Naht zu verdecken, bestickte man diese mit einer Borte, an die

sich ein aufwendiges Muster anschloß, das weit in die Kissenfläche hineinragte. Das Brautleintuch erhielt an der oberen Schmalseite reiche Stickereien (vgl. das Tuch aus dem Museum Bozen auf S. 35). Handtücher und Bettücher verzierte man mit großen Monogrammen.

Als im 15. Jahrhundert die Eckpfosten der Betten fast bis auf Mannshöhe verlängert wurden, entstand das Himmelbett, das mit Vorhängen ausgestattet war, und in den kalten, zugigen Häusern der alten Zeit hatte dieses kleine »Schlafhaus« seine gute, praktische Bedeutung.

Beim sogenannten »Schwanenstädter Fund«, der kurz nach 1670 eingemauert wurde, befanden sich rotgestickte Servietten und ein weißer, gestickter Bettvorhang. Aber auch die Eckkonsole unter dem Stubenherrgott wurde mit einem gestickten Tüchlein verziert, wenn man sich nicht mit einem »ausgenähten« Band zufrieden gab, das wie bei den Kastenfächern an die Stirnseite genagelt wurde. Man bestickte Wiegenbänder und Glockenzüge, in der Schweiz ist es Brauch, sogar die Türfüllungen mit einem besonders prächtigen Sticktuch zu verzieren, und auf dem mächtigen Tisch prangte die kunstvoll gearbeitete Hochzeitsdecke.

Hochzeitstischdecken

Im 14. Jahrhundert war es in Italien und Deutschland Brauch geworden, den Tisch mit feinem Tuch zu decken und an den Platz jeden Gastes ein verziertes Mundtuch zu legen. Besonders die Mailänder verstanden es, wunderschöne Muster in die leinenen Tücher zu weben. Deutsche Gesellen brachten diese Kunst über die Alpen. Hans Fugger webte in seiner Kammer das »feine Fuggersche Tafeltuch«. Er war unermüdlich im Entwerfen immer neuer Webmuster. »Durch verschiedenartiges Knüpfen von Kette und Schuß entstanden neue Mustervariationen – Blumen, Figuren, aber auch heraldische Zeichen. Denn immer mehr kam auch in wohlhabenden bürgerlichen Kreisen der Brauch auf, ein Familienwappen zu führen, wollte man doch der adeligen Lebensführung nach Kräften nacheifern. Bei jeder Gelegenheit zeigte man daher sein Hauswappen, und bald prunkte es in den wohlhabenden Bürgerhäusern schon in Tischtuch und Servietten. Vor allem die reichen Zünfte der Bäcker und Schmiede gingen mit Eifer voran – alle wollten Tischtücher mit Familienwappen haben« (Eugen Ortner S. 21). Das »feine Fuggersche Tafeltuch« erzielte auf den oberdeutschen Märkten fast den gleichen Preis wie Seide!

Solch kostbare Tücher waren für den einfachen Bürger natürlich unerschwinglich. Sein Tisch war mit kräftigem Leinen gedeckt, das freilich für ein Tischtuch nicht breit genug gewebt werden konnte. Deshalb mußten zwei, manchmal drei Bahnen aneinandergefügt werden. Die Nähte aber zierte eine bunte Webborte, wie sie auf der Bandwirkerlade hergestellt wurde. Auf manchem spätgotischen Tafelbild ist eine solche Decke zu sehen. Die Pracht der Herren- und Patriziertafel ließ den Bürgersfrauen natürlich keine Ruhe. Was zu teuer war, um es zu kaufen, das konnte vielleicht mit eigener Handarbeit in ähnlicher Form hergestellt werden. So wird es gekommen sein, daß die Tischdecken bestickt wurden. Es war ja immer so im Volksbrauch, daß die ärmeren Leute das Vorbild der Reichen auf ihre Weise mit geringeren Mitteln nachahmten, wenn auch nicht für den täglichen Gebrauch, so doch für die höchsten Feste im Jahr.

Das Wiener Volkskundemuseum bewahrt mehrere Hochzeitsdecken aus Kärnten auf, die mit rauher, roter Wolle auf Leinen gestickt sind. Im Zentrum (Abb. 25) steht ein dreifacher Achtpaß, jener uralte Stern, der sich aus dem byzantinischen Medaillon entwickelt hat, weil er der Technik des Webens und Stickens besser entsprach. In dessen Mitte findet sich das Brautpaar – er mit der Pluderhose des 16. Jahrhunderts, sie mit einem hohen Kopfputz, der Brautkrone. Weitere vier Paare sind außerhalb des Sternes angeordnet. Eines der Mädchen hält einen Kranz in der Hand, das Muster auf der Schürze zeigt einen Pflanzensproß. Bei einer anderen ist ein Knabe eingestickt, der an seiner winzigen Pluderhose als solcher zu erkennen ist, wobei damit entweder der Wunsch nach einem männlichen Erben oder ganz allgemein die Tatsache einer Schwangerschaft zum Ausdruck kommen sollte. Außerdem wachsen aus jeder Ecke des Achtsterns Herzsprossen, die symbolisieren, wie das blühende Leben aus einem liebenden Herzen erwächst. Auch der Außenrand, der mit einer bescheidenen Stickereiborte abschließt, wird mit diesen blühenden Herzen verziert, so daß das ganze reichbestickte Tuch ein Ausdruck des Wunsches nach Fruchtbarkeit und Nachkommenschaft ist, der damals wohl jeder ehelichen Verbindung innewohnte. Die Kreuzstiche auf dieser Decke sind heute braunrot und dunkelblau, möglicherweise waren sie ursprünglich dunkelrot und blau. Die Leinendecke besteht aus zwei Bahnen, die unbekümmert um die Farbzusammenstellung mit einer hellroten Wirkborte verbunden sind. An den vier Ecken befindet sich je eine kleine Wollquaste.

Eine andere Decke (S. 27) besteht aus vier Leinenquadraten mit je einem Stern in der Mitte, wobei Brautpaar und Herzsproß als Füllung abwechselt. Die Kanten sind mit Ecksprossen und Herzen verziert. Eine gewebte und eine gestickte Borte teilt die Fläche. Man kann diese Art der Flächenfüllung auch für andere Zwecke benützen, wie an dem Kissenbezug S. 26 zu sehen ist.

Die dritte Kärntner Hochzeitsdecke zeigt eine ungewöhnliche Anordnung. Auch sie besteht aus zwei Leinenbahnen. Eine davon nimmt die Mitte ein, die andere ist geteilt und links und rechts angesetzt. Die Naht bedeckt wie üblich eine rot-weiße Wirkborte. Obwohl kein Mittelstreifen nötig wäre, da es hier keine Naht zu verdecken gibt, ist eine gestickte Borte angebracht. Im Zentrum steht das Christusmonogramm in blumengeschmücktem Oval, aber auch auf die alten, glücksbringenden Lebenssprossen hat man nicht verzichtet. Überreich bedecken sie die Fläche, wobei die Anordnung auf den beiden äußeren Bahnen nicht mit der des Mittelteiles übereinstimmt. Es ist erstaunlich zu beobachten, wie gut das Problem gelöst wird: Wie ein Kranz

umrahmen die verschieden gestellten Blütenzweige das Christusmonogramm, das auf den späteren Hochzeitsdecken den alten Achtstern
verdrängt hat. Mit roter, rauher Wolle auf mittelfeines Leinen gestickt,
hat diese Decke einen ungemein festlichen Charakter, ist doch die
Stickerei von fast plastischer Wirkung. Aufgelegt, wie eine solche
Decke in einer Stube des Klagenfurter Museums zu sehen ist, verbreitet sie einen ungemein festlichen Eindruck (S. 28).
Man könnte nun das Kapitel der Hochzeitsdecken beschließen, wenn
sie nicht als einzige Stickerei das uralte magische Zeichen des Achtsterns aufwiesen, dem sicherlich eine ganz besondere Bedeutung
zukam.
Der Empfangssaal im Heiligen Palast zu Byzanz war ein achteckiger
Raum, den eine Kuppel krönte. An seinen Seiten bildeten acht Bögen
zusammen mit der Mauer ebenso viele Apsiden. Seit dem frühen
Mittelalter finden wir den Achtstern im sakralen Bereich so gut wie im
weltlichen. Auf achteckigem Grundriß erhoben sich die Taufkirchen
in Südfrankreich und der Provence, in Italien und Aquitanien. Die
Alte Kapelle in Altötting, ein Bauwerk aus karolingischer Zeit, aber
auch der Grundriß der ersten katholischen Kirche Schottlands in Whi-
thron, die der hl. Ninian 397 gründete, zeigt die Form des Oktogons.
Auch die wichtigste Kirche des Heiligen Römischen Reiches, die Krö-
nungskirche von Aachen, war im Achteck erbaut. Sie wurde zum
Vorbild für viele Sakralbauten jener Zeit, etwa die Kirche von Ott-
marsheim im Elsaß.
Vielleicht geht diese Besonderheit auf die byzantinischen Militärbau-
ten zurück, die später für die Burgen des Stauferkaisers Friedrichs II.
(Castel del Monte) vorbildlich waren. Aber auch winzige Kleinigkei-
ten wie ein Fürspann im Germanischen Nationalmuseum zu Nürnberg
aus dem 13. Jh. zeigen den Achtstern, der sicher als unheilabwendend
galt. Diese Meinung bestätigt die Steinmetzarbeit auf einem romani-
schen Kapitell in St. Elne in Südfrankreich, wo neben einem Bannkno-
ten ein achteckiger Stern die Säulen im Kreuzgang schmückt. Hier

wird ganz deutlich, wie dieser Stern entstand. Zwei Quadrate sind übereck ineinandergestellt, und dabei erinnert man sich an die magische Bedeutung der Vierzahl, die sich in den vier Himmelsrichtungen, den vier Elementen und den damals bekannten vier Erdteilen ausdrückt.

Daß das Achteck aber nicht nur unheilabwehrend war, sondern geradezu ein Heilszeichen, bestätigt ein Mosaik in den Katakomben der Priszilla aus dem Beginn des zweiten Jahrhunderts, auf dem der Prophet Isaias auf den achteckigen Stern weist.

Es scheint eine starke innere Beziehung zwischen dem Sakrament der Ehe und dem Oktogon zu bestehen, sonst wäre es nicht auf den Hochzeitsdecken und nur hier verwendet worden. Auf der einen sind es drei verschieden große ineinandergestickte Achtsterne, auf der anderen sind es vier, die sich auf die vier Quadrate der Decke verteilen, und sicher kommt dieser Zahlensymbolik wiederum magische Bedeutung zu.

Im historischen Museum des Kantons Thurgau in Frauenfeld befindet sich eine Tischdecke mit Leinenstickerei aus dem Jahr 1610 – die einzige, auf der das Oktogon nochmals verwendet wird. Die Achtecke sind gefüllt mit Darstellungen aus der Tellsage. Die fünf Oktogone gaben die Anregung zu einer Stickerei, die Frau Margot Irwin, Radnor, Pennsylvania, USA ausführte. Sie nannte es »Midlife-portrait« und umgab es mit den Symbolen der vier Lebenszeiten (vgl. S. 31).

So wurde das alte Heilszeichen des Oktogons mit neuem Inhalt erfüllt, und es erstaunt uns Nachgeborene, wie lange sich das Wissen um die besondere Bedeutung des Achtecks im Volk erhalten hat.

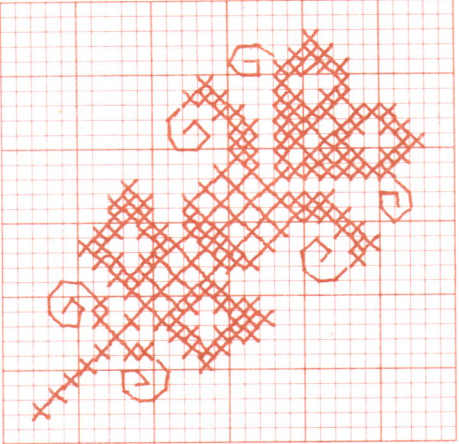

Hochzeitsdecke aus Kärnten

Zollfeld bei Klagenfurt
Blaue und braune Kreuzstichstickerei auf Leinen, um 1700
Volkskunstmuseum Wien (Abb. S. 25)

Die große quadratische Decke ist aus zwei Leinenbahnen zusammen-
gesetzt, die Naht wird von einer bunten Wirkborte verdeckt. Die
Mitte nehmen drei verschieden große Achtsterne ein, im innersten
steht ein Brautpaar mit verschränkten Händen. An den Spitzen der
beiden inneren Achtecke ist ein Blattsproß angesetzt, an den Ecken des
äußeren je ein Herzblumensproß. Zwischen diesen wird die Darstellung eines Mannes und einer Frau viermal wiederholt. In den vier
Ecken des Tischtuches sind Blumensprosse eingestickt und schmale
Leisten mit Girlandenmuster. Nach altem Brauch schmückt jede der
vier Ecken eine Wollquaste. In die Leiber der Frauen ist zweimal ein
Kind eingestickt, dreimal ein blaues Sprossenmuster.
Originalgröße: 154 × 140 cm

Hochzeitsdecke

Leinenstickerei in Kreuz- und Zopfstich
Kärnten 18. Jahrhundert,
Volkskundemuseum Wien (Abb. S. 27)

Die Decke besteht aus zwei Leinenbahnen, die doppelt so lang wie breit sind. Sie werden der Länge nach zusammengenäht, eine rot-weiße Webborte verdeckt die Naht. Durch eine gestickte Borte (a) wird die Fläche quergeteilt, so daß vier Quadrate entstehen. Eines davon wurde in vereinfachter Form als Kissen nachgestickt (vgl. S. 26). Ein Achtstern nimmt die Mitte eines jeden Quadrates ein. Zweimal ist er mit einem Herzsproß gefüllt, zweimal mit der Darstellung des Brautpaares (S. 22), das von Sternen umgeben ist. Die Decke wird in ihrem ganzen Umfang mit Borte a umstickt.
Auf jeder Quadratseite stehen zwei Herzen mit Blütensprossen b. Die Ecke d befindet sich bei der Decke an der Innenseite der Quadrate, die Ecke c an der Außenseite. Beim Kissen wurde nur ein Eckmotiv verwendet. Es wurde mit Schürer Perlgarn Nr. 2663 blau und 2105 rostrot auf grobes Leinen gestickt.

Kärntner Hochzeitsdecke

Südl. Kärnten, 18. Jh.
Volkskundemuseum Wien (Abb. S. 28)

Die magischen Symbole der Fruchtbarkeit, die in den beiden älteren Kärtner Hochzeitsdecken dargestellt sind, verschwinden im Lauf der Gegenreformation. Nicht mehr der Achtstern, das uralte heilige Symbol steht nun im Mittelpunkt, sondern die Initialen I H S, Jesus, Heiland, Seligmacher, und damit das christliche Segenszeichen, das die Ehe heiligt. Erhalten haben sich dagegen die Lebenssprossen, das Zeichen der Fruchtbarkeit, die hier die ganze freie Fläche bedecken. Interessant ist die Zusammensetzung der Stoffbahnen. Das Mittelstück ist ungeteilt, links und rechts davon ist eine halbe Bahn angesetzt und die Naht mit einer rot-weißen Webborte (6 cm breit) überdeckt. In Anlehnung an frühere Gepflogenheiten ist die Mittelachse mit einer gestickten Borte markiert, die in diesem Fall keine Naht mehr zu verdecken hat. Dieser gestickte Mittelstreifen ist durch das I H S-Monogramm in Blütenrahmung unterbrochen. Es handelt sich immer um den gleichen Lebenssproß, der auf beiden Seiten der Borten in verschiedenen Richtungen angebracht ist und wie mit einem dichten Netz die Fläche bedeckt. Diese Anordnung ist ungewöhnlich, aber außerordentlich wirkungsvoll. Um den äußeren Rand zieht sich eine schmale, gestickte Borte, an den Ecken und in der Seitenmitte befinden sich rotweiße Wollquasten. Das Original ist aus weißem Leinen, bestickt mit roter Wolle (Muster S. 24 und 33).

Kärntner Hochzeitsdecke
Zollfeld bei Klagenfurt, Kärnten, um 1700,
Österreichisches Museum für Volkskunde, Wien, 154 × 140 cm
(Stickmuster S. 16, 17, 18, 19)

Kärntner Hochzeitsdecke
18. Jahrhundert,
Österreichisches Museum für Volkskunde, Wien (Stickmuster S. 21)

26

Kärntner Hochzeitsdecke
18. Jahrhundert, ein Quadrat aus dieser Decke (vgl. Bild S. 26)
wurde mit kleinen Änderungen zu einem Kissen verarbeitet. (Strickmuster S. 21, 22)

27

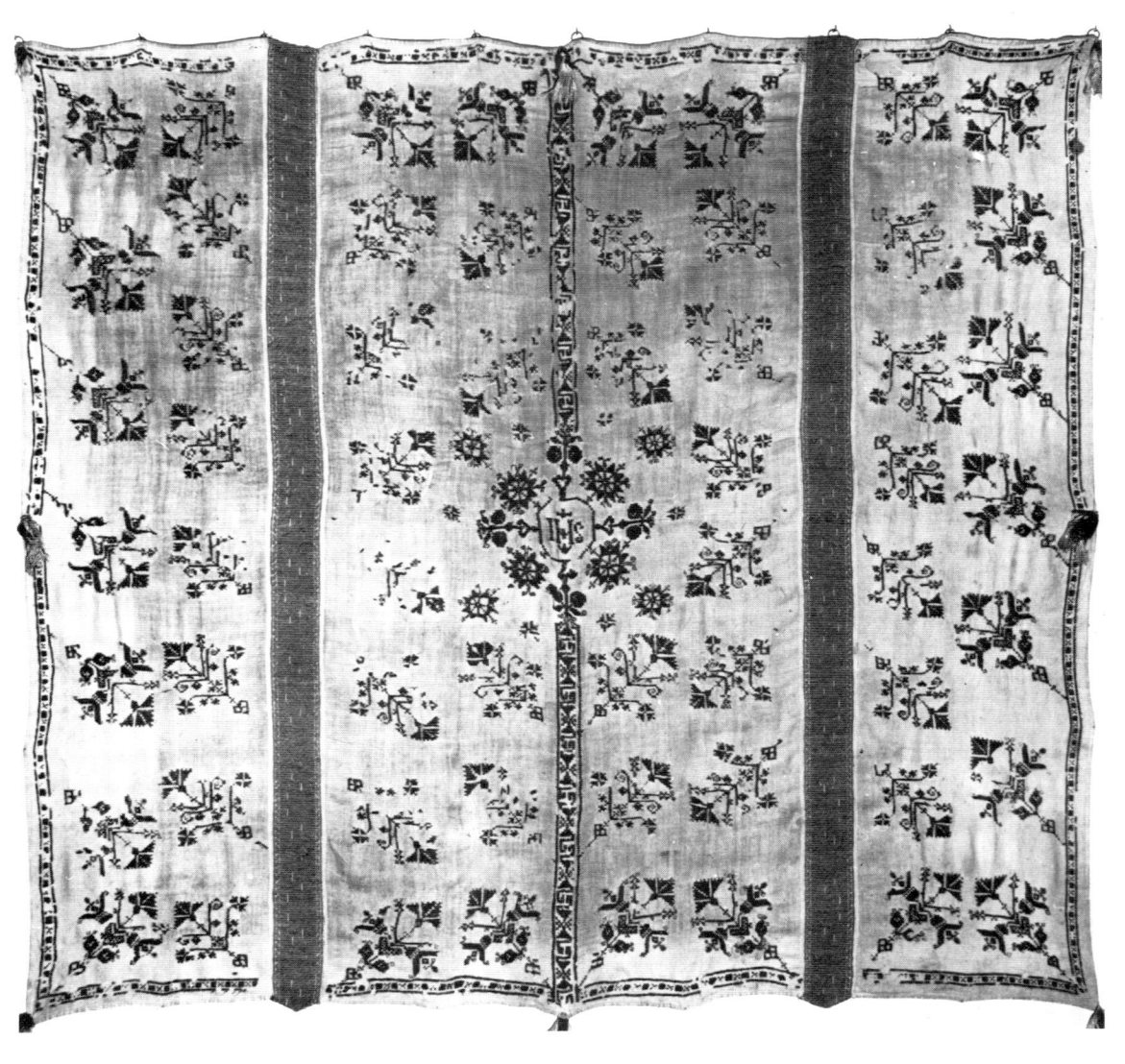

Hochzeitsdecke
Südliches Kärnten, 18. Jahrhundert,
Österreichisches Museum für Volkskunde, Wien (Stickmuster S. 24 und 33)

Osterdecke
Entwurf von Frau Anna Hangl mit Mustern aus dem Buch: Irmgard Gierl,
Schöne alte Stickereien, S. 44, 85, 84 Mitte.
Beispiel für eine gute Anordnung von Einzelmotiven, die dem Anlaß entsprechend
ausgewählt wurden

Kleine Geschenke
Stickereien auf Säckchen, Taschen, einer Spanschachtel, Briefbogen, Strümpfchen und
einem Set. Motive aus alten Mustertüchern
(Stickmuster S. 101, 102)

Tischdecke
Schweizer Leinenstickerei, dat. 1610,
Historisches Museum des Kantons Frauenfeld, 158 × 176 cm

31

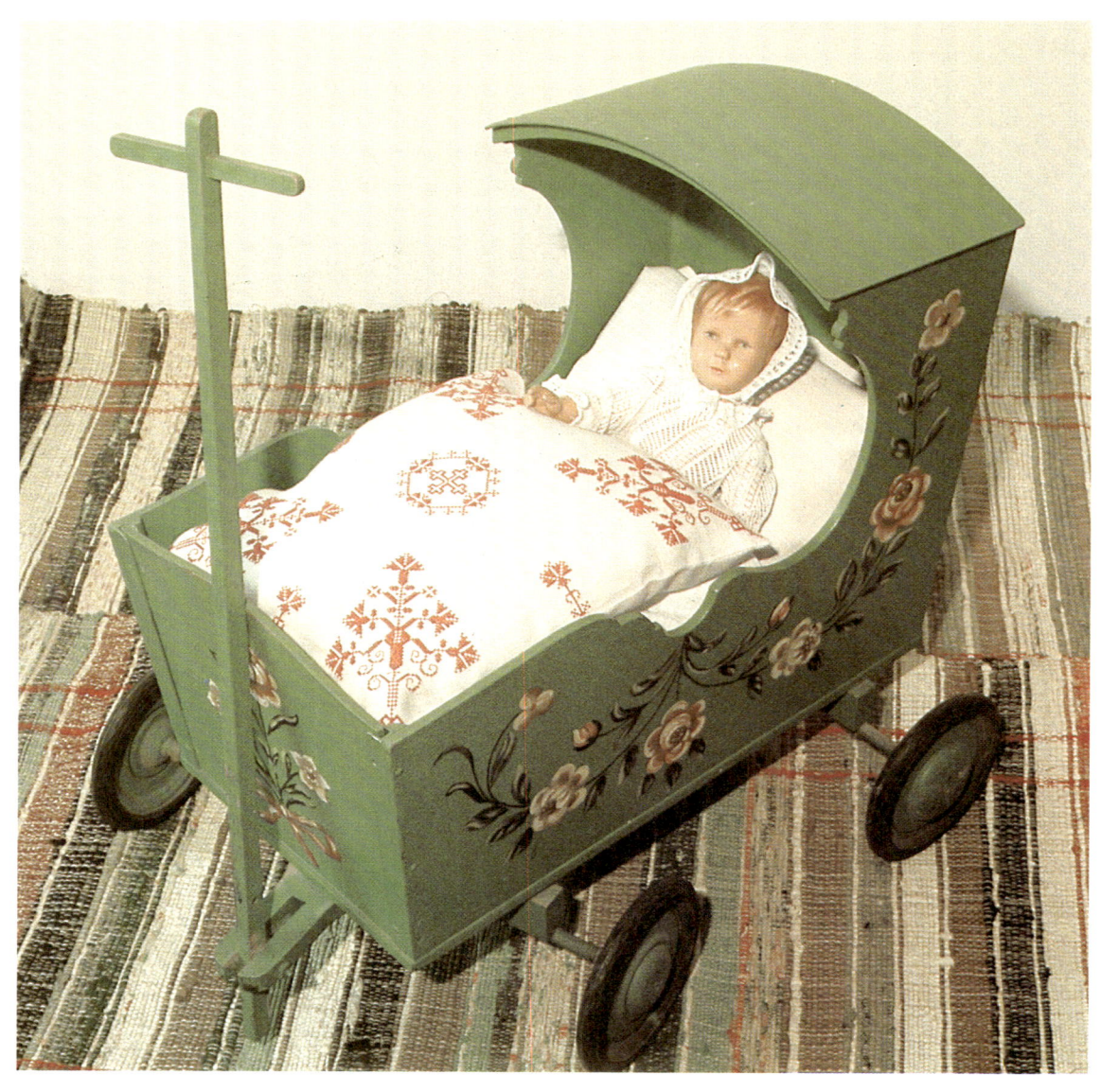

Taufkissen
Tiroler Leinenstickerei,
Volkskunstmuseum Innsbruck (Stickmuster S. 42)

32

Brautleintuch

Das Hauptfest im Lebensbrauchtum ist die Hochzeit. Dabei wurde einer reichen Ausstattung an Hausrat große Bedeutung für die zukünftige Ehe beigemessen. Einige Tage vor dem Fest wurde die Ausstattung der Braut in das Haus des Bräutigams gefahren. Die aufgestellten Kästen waren mit Leinen – dem »Tuch« – gefüllt, das hoch aufgerichtete Bett sollte Zeugnis für das Können und den Fleiß der Braut ablegen: Kissen und Leintücher waren reich bestickt mit Monogrammen und Segenszeichen oder mit breiten Borten.

Ein Brautleintuch, das vom Städtischen Museum Bozen erst kürzlich erworben wurde, zeigt eine prachtvolle Pfauenborte, deren Eckstück hier wiedergegeben ist. In einer Vierergruppe eignet es sich als Mittelstück oder einzeln als Eckmotiv für eine Tischdecke.

Schweizer Leinenstickerei

bez. 1610, 158 × 176 cm
Thurgauisches Museum Frauenfeld (Abb. S. 31)

Auf dem Original sind die Achtsterne mit Darstellungen aus der Tell-Sage gefüllt. Der großzügige Rahmen eignet sich aber auch für Motive zu den verschiedensten Anlässen.
Frau Margot Irwin, USA, hat diesen Achtstern für die Darstellung eines »midlife portrait« umgestaltet. In der Mitte befindet sich das Ehepaar, umgeben von den Symbolen der vier Lebenszeiten von der Jugend bis zum Alter (S. 37, 38, 39).
Das große Sternenmuster ist aber auch geeignet für eine Weihnachtsdecke. Motive dazu finden sich auf Seite 54.

Taufe

In der Schlafkammer prangt das Bett, prächtig anzusehen in seiner behäbigen Breite. Verblaßt ist die Jahreszahl, dunkel vom Rauch der Lichter, die in vielen Stunden hier niederbrannten im Wechsel der Geschlechter. Denn alt wie das Haus ist das Bett, Urväterhausrat, ein geheimnisvoller Trost geht von ihm aus, eine Geborgenheit für gesunde und kranke Stunden. Hier legt sich die Hausfrau nieder, wenn ihre schwere Stunde gekommen ist. Der Mann sitzt drunten in der Stube, ein paar Weiber aus der Nachbarschaft sind da, vielleicht die Hebamme. Es waren ja immer die Frauen, die allerlei heimliche Mittel wußten, uralte Lehren von den Kräften der Natur und der Elemente. Schließlich ist es soweit, die Kindsnöte sind überstanden, und nun holt man die Wiege hervor, die kunstvoll mit Blumen bemalt ist, mit Tulpen und Rosen, ein rechtschaffenes Stück Arbeit. An ihrer Seitenwand sind Schlitze eingeschnitten, durch die man kreuzweise die Wiegenbänder führte, damit das Kindlein nicht herausstürzen kann. Auch diese Bänder waren nicht nur einfach auf dem Bandwebstuhl gewebt, sondern schön verziert und gestickt. Besonders bei der Taufe mußte das Kind natürlich aufs schönste aufgeputzt werden. Da gab es gestrickte, durchsichtige Taufjäckchen und Häubchen, oder solche aus roter oder blauer Seide, je nach dem Geschlecht, mit Goldborten am Rand. Auch das Chrisamhemdlein aus feinem Leinen war mit allerlei heiligen Zeichen bestickt, mit ineinander verschränkten Kreuzen, die auf geheimnisvolle Weise immer wieder die Dreizahl ergeben, mit den Zeichen Christi und Mariens (Abb. S. 42, 94), mit winzigen Börtchen und Schleifen. Dazu wird das Köpfchen auf ein Taufkissen mit roter Stickerei gebettet, wie es im Volkskunstmuseum zu Innsbruck zu sehen ist (Abb. S. 32). Und auch hier sind es wieder die vier Lebenssprossen, die aus den Ecken zur Mitte weisen, wo sich das Kreuz oder ein anderes Segenszeichen findet.

Ein Taufkleid, das rein kultische Verwendung findet, ist das Chrisamhemd als Symbol der Reinheit und eine Kopfbedeckung zum Schutz des heiligen Chrisamöles. Im Volksmund heißen diese Kleidchen »Pfoadl mit Kapuzei«, und damit ist ihr Aussehen ziemlich genau beschrieben. Sie bestehen aus einem rechteckigen Stück Stoff – Leinen, Seide, Tüll, Batist oder Brokat – dessen Breitseite eingereiht ist. Darauf wird eine Kapuze gesetzt, die aus zwei Viertelkreisen zusammengenäht ist. Die Ärmelchen sind gerade eingesetzt und oft so klein, daß das Kinderärmchen kaum durchgezogen werden kann. Auf den Ärmeln und der Kapuze befindet sich ein Kreuz, das entweder gestickt oder aus Seidenbändern, mitunter auch aus Goldspitzen gebildet ist. Eine breite Masche am Halsausschnitt dient mehr der Verzierung als dem Verschluß.

Wie überall im Brauchtum mischt sich auch hier Christliches mit Heidnischem: das Sakrament der Kirche mit Dämonenglauben und Geisterabwehr.

Da die Zeit zwischen Geburt und Taufe allgemein als besonders gefahrbringend angesehen wurde, mußten besondere Vorsichtsmaßnahmen ergriffen werden. Man verhüllte das Kind, um die Dämonen zu täuschen, man fatschte es oder bekleidete es mit einem Tragkleidchen, immer aber bedeckte man es mit der Taufdecke. Bei reichen Leuten bestand sie aus Seide oder Brokat, gewöhnlich aber wurde ein quadratisches Tuch von weißem Leinen mit neunzig Zentimetern Seitenlänge bunt bestickt.

Und wieder begegnen wir dem alten Schema: Eine schmale Randborte umgibt die Decke und aus den Ecken wachsen Blütenzweige oder stilisierte Sprossen, während in der Mitte das Heilszeichen I H S prangt, mit dessen Segenskraft das Kind gegen alles Böse gefeit war. Nicht immer ist die Stickerei im Kreuzstich ausgeführt, im Bregenzer Wald arbeitet man sie mit Kettenstich, aber der Aufbau ist überall der gleiche. Muster dieser Art sind in diesem Buch mehrfach gesammelt (S. 42, 45, 57, 93, 94, 97).

Taufkissen

Volkskunstmuseum, Innsbruck (Abb. S. 32)

Dem Sakrament der Taufe entpsrechend nimmt ein Kreuz im Blumen-
kranz die Mitte des Kissens ein. Aus den vier Ecken reichen Blütensprossen weit in die Fläche hinein. Niedrige Blumen in der Seitenmitte
füllen die Zwischenräume. Das Original ist von einer bunten Webborte umrandet. Feines Sieblinen und hellrotes Stickgarn eignen sich
wohl am besten zum Nacharbeiten.

Die schön gestickten Taufkissen und -decken sind die volkstümliche
Nachahmung jener kostbaren „Decken, Umhänge und anderen Bett-
gewands mit goldenen und silbernen Schnüren", wie diese anno 1600
in Schaffhausen verboten wurden.

1528 steht im Berner Taufbüchlein: »Daher ist der alte Brauch und
Gewohnheit bisher an der Kirche blieben, dass man nach der Tauff
dem Kindlein ein weiß Hemdlein ober den Leib wirft.« Dieses »Chrisamhemd« wird auch heute bei der Taufe verwendet. Es ist ein Hemd-
chen im Kimonoschnitt mit aufgestickten christlichen Symbolen, wie
sie auf den alten Mustertüchern so häufig zu finden sind.

Taufdecke

Die Häufigkeit, mit der Decken nebenstehender Art zu finden sind, läßt den Schluß zu, daß sie bei vielerlei Anlässen Verwendung fanden, sei es als Versehtuch, als Weihkorb- oder als Heiliggeistdeckerl. Eine besondere Rolle spielten sie als Taufdecke.

Der erste Ausgang, wenn das ungetaufte Kind über die Schwelle der Tür aus dem schützenden Bereich innerhalb der Dachtraufe getragen wurde, galt als ungemein gefährlich. Darum trug auch die Hebamme das ungetaufte Kind, der man als weiser Frau mehr Macht über die unheilbringenden Kräfte zutraute als der Patin, und darum geschah dies nie ohne Taufdecke. Stets prangte in der Mitte das christliche Heilszeichen I H S, umgeben von floralen Motiven. Das Futter für kostbare Seidendecken war meist rot, mitunter aber auch entsprechend dem Geschlecht des Kindes auswechselbar; bei Mädchen aus roter Seide, bei Knaben aus blauer (Luise Wache, Täuflingstrachten in Österreich).

Die schräggestellten Bäumchen links oben gehören zu einer Decke im Museum Bozen. Der spitzenbesetzte Rand wird von einer rotweiß gewebten Borte besetzt, in kleinem Abstand folgen darüber die schrägen Bäumchen, dann wieder die gleiche gewebte Borte und darüber das Bäumchenmuster. So entsteht ein reiches, breites Muster. Das Rot des Garns muß mit dem der Webborte übereinstimmen.

Aber während noch das Fatschenkind in seiner Wiege kräht, wandelt sich die Kammer unvermerkt. Schwere Krankheit ist hereingebrochen, ein Mensch legt sich zum Sterben hin, zum letzten Schlaf in das Bett, das ihm so viele Jahre Rast gewährt hat.

Dunkel ist's in der Sterbekammer, in »totgefährlicher Schwachheit« ringt der Kranke um Atem, sein erlöschendes Gesicht liegt leblos auf den Kissen. Nun, da er schon in den Zügen liegt, reicht man ihm eine geweihte brennende Kerze, die sogleich einen tröstlichen Schein verbreitet. Von ungefähr geschieht das nicht, das Licht hat seine besonde-

re Bedeutung. Soll man die Seele im Dunklen irren lassen? Wie leicht könnte es geschehen, daß sie den Weg nicht hinaus fände, und im Hause bliebe, ein Schrecken für die Hinterbliebenen und sich selbst zur Qual. Entzündet man nicht Kerzen über den Gräbern und Wachsstöcke bei den Totenämtern, ein Licht in der Finsternis oder auch ein Schutz der Lebenden vor den Geistern der Toten, die unheimlich ihr Wesen treiben könnten, wenn man ihrer vergißt?

Auf dem Tisch daneben wird ein Altar hergerichtet, ein Kruzifix steht zwischen zwei Leuchtern, und darunter wird das »Speistuch« ausgebreitet, damit der Priester die Gerätschaften für die Letzte Ölung dort niederstellen kann. Dieses Versehtuch, wie es im Alpenvorland heißt, ist mit christlichen Symbolen bestickt, mit Trauben und Weinlaub, mit Kreuz, Anker und Herz und dem Spruch »Gelobt sei Jesus Christus«. Meist wurden die Stickereien mit rotem Garn in Stielstich ausgeführt. Daß auch die Entwürfe von den Stickerinnen selbst stammen, beweist die oft fehlerhafte Orthographie der Texte wie im folgenden Spruch:

> »Speiß dich oft mit Engelßbrod
> Dieß bewart dich vor dem Tott
> Wielst in Unschuld lang bestehen
> Must zu Jesu Tiesch oft gehen.«

Alle Speistücher sind an einer Längsseite reich bestickt und an drei Seiten mit oft recht kostbaren, meist geklöppelten oder gehäkelten Spitzen eingefaßt (Margot Adler).

Tücher, die solch frommem Zweck dienen sollen, können mit einer Borte und den christlichen Heilszeichen verziert werden, wie sie auf den Seiten 33, 42, 45, 57, 93, 94 zu finden sind.

Herbst

Wenn die Ernte vorüber ist, rüstet man zu einem besonderen Fest, das eigens für die Haustiere eingerichtet ist: dem Tag des heiligen Leonhard. Schon eine Woche vorher müssen die Mädchen Kränze und Girlanden binden, um die Wagen zu schmücken, indes die Burschen Sattelzeug und Geschirr »auf den Glanz« putzen. Am Festtag selber aber dröhnen die Räder, schnauben die spiegelblanken Rosse, Funken stieben, und zwischen das fröhliche Juchzen und Peitschenknallen schallt die Blasmusik und das Kreischen der Menge. In scharfer Fahrt geht es um das kleine Leonhardskirchlein, unter dessen Tür der Pfarrer steht, segnend und Weihwasser spendend. Dabei dienen vielerlei Mittel der Abwehr übelwollender Geister. In den Messingspiegeln und Metallkämmen, die die Pferde beim Umritt tragen, soll die Hexe ihr eigenes Bild sehen und entfliehen. In den Bastflechten in Schweif und Mähne soll sich die Hexe verirren. Das Dachsfell am Kummet soll mit seinem langanhaltenden scharfen Geruch nicht nur Fliegen, sondern auch böse Geister vertreiben, und die bunten Bänder, mit denen Gäule, Wagen und Reiter geziert sind, dienen dem gleichen Zweck der Dämonenabwehr.

Aber nicht nur im Leonhardsritt sucht der Bauer seine Tiere vor Unheil zu bewahren. Im Stall werden geweihte Palmbüschel und der Kräuterboschen von Maria Himmelfahrt befestigt. An Dreikönig räuchert man den Stall ebenso wie das Wohnhaus. Am Johannistag reichte man den Tieren einst einen Kuchen, der mit Johanniswein gebacken wurde und der ein gutes Schutzmittel gegen Krankheiten sein sollte. Um die Krankheitsgeister auszuräuchern oder auszubrennen, trieb man die Tiere durchs Johannisfeuer, und bei Viehseuchen wurde ein Votivbild geopfert, auf dem der ganze Viehstand sorgfältig und möglichst wirklichkeitsgetreu abgebildet war.

Besonders gefährdet war das Vieh, wenn es den schützenden Bereich des Hauses verließ und auf die Alm zog. Wenn der Sommer gut vorübergegangen und kein Stück Vieh verunglückt war, »buschte« die Almerin ihre Kühe auf, bevor sie mit ihnen zu Tal fuhr.

Um Lofer wird bis heute der Brauch geübt, bei glücklichem Almabtrieb die Kühe mit »Glockream« zu schmücken. Glockream sind knapp einen Meter lange, etwa fünfzehn bis zwanzig Zentimeter breite, bestickte Stoffbänder, die über die ledernen Glockenriemen gebunden werden. Der Spruch »Mit Glück von der Alpe zurück«, Blumenranken, das Monogramm der Stickerin sowie die Jahreszahl schmücken diese Bänder, die im ausgehenden 19. Jahrhundert mit bunten Wollfäden in Kreuzstich bestickt wurden und immer das gleiche Blumenmuster zeigten (S. 101, mittlere Borte).

Tischdecke mit Hirschen

Salzburg, Privatbesitz

Man beginnt die Stickerei mit der Mittelborte und zwar im Zentrum, damit sie dort ganz gleichmäßig wird. Zwischen der Borte und den Eckfüllungen wird ein kleiner Abstand belassen. Die Mitte der Decke ist von dem prächtigen Muster ganz ausgefüllt, der Rand bleibt demgegenüber sehr einfach, er besteht aus kleinen Sternen, die in Zwischenräumen von etwa zehn bis zwölf Zentimetern angeordnet sind, und einem einfachen Saum oder Hohlsaum.

Die Decke ist für Jagdfreunde oder für festliche Anlässe im Herbst besonders gut geeignet (S. 50, 51).

a

a

a

Weihnachten

Es sind wohl nicht nur die Erinnerungen an unsere Kindheit, die der Weihnachtszeit ihre besondere Bedeutung verleihen. Vielleicht liegt uns noch der alte Vorväterglaube im Blut, der diese dunklen Wochen mit dämonischen Gestalten bevölkerte. Da trabt der zottige Krampus über die Felder, der Klaubauf oder Knecht Rupprecht, kaum gebändigt vom Bischofsstab des heiligen Nikolaus. Im Berchtesgadener Land laufen immer noch die »Buttmandeln«, dick mit Stroh umwickelt und mit Kuhglocken behängt. Begleitet von »Gankerln« dringen sie in die Stuben und lassen sich erst nach wildem Kampf wieder verjagen. Noch unheimlicher aber sind die Perchten, die an den drei Donnerstagnächten im Advent durch die Tiroler Dörfer stürmen, mit Tierfellen bekleidet, schellenbehängt und vermummt, als wären sie gerade der Unterwelt entstiegen.

Aber auch Frau Holle zog um diese Zeit herum, die Anführerin des Wilden Heeres, hinter sich die Seelen der ungetauften Kinder. Wer eines von ihnen mit einem Namen anrief, konnte es erlösen. Die mitleidigen Bäuerinnen stellten für die Armen Seelen Krapfen auf den Tisch, Mehl, Eier und Salz, die drei weißen Seelopfer. Wer es aber wagte, davon zu essen, den erschlugen die Toten, die wie eine Schar wilder Männer ins Haus einfielen. In der Oberpfalz warf man drei Hände voll weißen Seelenmehls in den Wind mit den Worten: Wind und Windin, ich geb dir das dein, laß du mir das mein!

In alter Zeit galt der Luzientag (13. Dez.) als der kürzeste Tag des Jahres, an dem die Hexen besonders mächtig waren. Neben der heiligen Luzia, die in Schweden als weißgekleidete Gabenbringerin mit einer Lichterkrone dargestellt wird, erschien die Frau Luz, ein unheimlicher Dämon. Schlimmen Kindern schnitt sie den Bauch auf und füllte Stroh und Steine hinein, säumige Spinnerinnen mußten ihre Strafe fürchten.

Gleich ihr versetzten die Lange Agnes, die Eisenberta, Heugeigen und Habergoaß die Kinder des Bayerischen Waldes in Schrecken. All diese Totendämonen galt es zu versöhnen, aber auch die Fruchtbarkeit zu wecken, die Sonne hervorzulocken und einen Blick in die Geheimnisse des kommenden Jahres zu tun. Solchem Orakelzauber war auch die Andreas- und Thomasnacht günstig, vor allem aber diente dazu der Barbarazweig, der durch seine Blüte die Erfüllung der geheimsten Wünsche verheißt, und als Lebensrute Fruchtbarkeit verleihen sollte. In Altbayern vertraten die Barbarazweige lange den Christbaum.

Aber durch das Dunkel dieser Nächte gehen nicht nur Unholde, Hexen und unheimlicher Zauber. Denn über all dem finsteren Treiben leuchtet der Weihnachtsstern über die verschneiten Täler, und das Christkind selbst steigt in die Krippe hernieder, die ihm bereitet ist in Kirchen und Stuben. Der Christbaum wird entzündet – freilich erst seit relativ kurzer Zeit. Die Gemahlin Ludwigs I., Königin Karoline war es, die 1830 als erste einen Christbaum in der Münchner Residenz aufstellte. In die oberbayerischen Bauernhäuser hielt er knapp 100 Jahre später Einzug.

Die grundlegenden Veränderungen, die bei der Feier des Weihnachtsfestes in diesem Jahrhundert eingetreten sind, erklären das Fehlen älterer Sticktradition für dieses Fest. Dem strengen Fasten am Heiligen Abend entsprach die karge Heiliggeistdecke, die lediglich als Unterlage für das Kletzenbrot diente, welches im Brauchtum die bedeutendere Rolle einnahm.

Wenn wir zu Weihnachten eine festliche Decke sticken wollen, können wir uns an die überkommenen Vorbilder halten – Blütensproß und Christusmonogramm in der Mitte – die dann freilich nach heutigen Vorstellungen nicht typisch weihnachtlich sind. Von den Hochzeitsdecken in diesem Buch können äußere Formen übernommen werden: Der große Mittelstern in der ersten Decke (S. 18, 19) oder die vier Sterne in der zweiten Hochzeitsdecke (S. 22). Statt der Brautpaare werden weihnachtliche Motive eingesetzt: die Sternsinger, die Heili-

gen Drei Könige, fliegende Engel, ein Rosenstrauch in der Anlehnung an das Lied »Es ist ein Ros entsprungen«.

Die Osterdecke von Seite 29 kann auch für Weihnachten abgewandelt werden. Auf der umlaufenden Borte, die auf der Tischplatte schön zur Geltung kommt, sind zwei verschieden hohe weihnachtliche Motive im Wechsel anzuordnen. Die Borte kann aber auch in Kreuzform durch die Mitte des Tuches gestickt werden, ihre Außenkanten werden wie oben mit verschiedenen Motiven geschmückt. Die Drei Könige können als fortlaufende Borte verwendet werden.

Wer einen Läufer arbeiten will, könnte je eine schmale Bordüre im Abstand von etwa zehn Zentimetern längs durch die Mitte der Decke sticken. Der Zwischenraum bleibt frei, die Motive befinden sich an der Außenseite der Bordüren. Man kann aber auch den Zwischenraum mit zwei bis drei verschiedenen Sternen füllen (vgl. Vorsatzpapier von Gierl, Stick- und Webmuster der Frührenaissance und S. 101). In dem oben genannten Buch befinden sich auch sehr viele verschiedene Sternmotive, die in Decken mit eingewebten Quadraten eingearbeitet werden können.

Heiliggeistdecke

Der Heilige Abend war im Gegensatz zu heute ein Tag der Buße, des Fastens und der Vorbereitung. Die einfachen Geschenke, ein Paar Handschuhe, eine Pudelmütze, Äpfel und Nüsse, hatte schon der Nikolaus gebracht, am Heiligen Abend gab es weder einen Christbaum noch Kerzen. Als einzigen Schmuck steckte man einen Busch Tannengrün in den Herrgottswinkel. Erst nach der Christmette gab es die große Weihnachtsfreude in Form von Mettenwürsten, eine willkommene Labung nach dem Kirchgang durch die dunkle und eisige Winternacht.

Trotz dieser Kargheit gab es aber doch ein wenig Glanz in der Weihnachtsstube. Denn am Abend breitete die Mutter die quadratische Heiliggeistdecke auf den blanken Stubentisch und legte das Kletzenbrot darauf, manchmal mit zwei Leuchtern und brennenden Kerzen zur Seite. Die Mitte dieser kleinen Decke nahm das Christusmonogramm ein, in den vier Ecken befanden sich Blumensprossen und dazwischen, in der Mitte jeder Seite ein kleines Lebensbäumchen. So unauffällig die Stickerei sein mag, sie deutet auf den alten Dualismus von Kirche und altüberkommenem Fruchtbarkeitszauber, verkörpert im Christuszeichen einerseits und den Blumenzweigen andererseits (vgl. S. 57).

56

Fastenzeit

Alljährlich zu Beginn der Fastenzeit war es üblich, den Altarraum der Kirchen mit einem großen Tuch zu verhängen, das den Gläubigen anzeigen sollte, daß es mit den Ausschweifungen des Faschings endgültig vorbei sei. Im Mittelalter hieß es deswegen Hunger- oder Fastentuch. Seit der cluniazensischen Reform, kurz vor der Jahrtausendwende, ist dieser Brauch aufgekommen, der zuerst in den Kathedral- und Klosterkirchen geübt wurde, später aber auch in den Pfarrkirchen, besonders in Frankreich und England. Aus zahlreichen Kircheninventaren, Rechnungen und Predigten geht hervor, daß er auch im Heiligen Römischen Reich weit verbreitet war. Erst in der Reformationszeit geriet die fromme Übung in Vergessenheit, besonders in den protestantischen Gegenden. In den katholischen Kirchen behielt man das Fastentuch bei, es wurde aber verkleinert und höher gehängt, damit der Blick das Geschehen am Altar ungehindert verfolgen könne. Nur in den ländlichen Gegenden Spaniens, Siziliens, Kärntens, Tirols und im westfälischen Münster- und Sauerland hat sich der Brauch in seiner alten Form auch weiterhin erhalten, manchmal sogar bis in unsere Tage.

Vielleicht sollte das weiße Leinen, das meistens dazu verwendet wurde, ein Hinweis auf das Grabtuch Christi sein, vermutlich aber entsprach die Farbe der alten Farbensymbolik, nach der Weiß die Farbe der Trauer war. Neben leinenen Tüchern gab es auch solche aus Wolle (ehem. Benediktinerinnenkloster in Kochel), aus Seide oder Leder (Paderborn 17. Jh.) Seit dem 12. Jahrhundert wurden bemalte Hungertücher üblich. Bei Restaurierungsarbeiten konnte man die alte Technik rekonstruieren: Auf die vorgeleimte, mit hauchdünner weißer Grundierung versehene Leinwand wurden mit Wasser-, Leim- oder Ölfarbe Szenen aus der Passion Christi und die entsprechenden Vorbilder aus dem Alten Testament gemalt. Das berühmteste ist das große

Hungertuch in Gurk (1458) mit seinen hundert Bildfeldern. Man hält es für möglich, daß andersfarbige Stoffapplikationen die Vorgänger dieser Bemalung waren.

Gestickte Hungertücher sind seit dem 13. Jahrhundert in Niederdeutschland, Hessen und Westfalen nachzuweisen. Farbige oder weiße Stickerei auf Leinen, das in Westfalen wahrscheinlich mit Moordarg bräunlich gefärbt wurde, und weiße Filetstopferei waren die gebräuchlichsten Techniken. Um die Bilder hervortreten zu lassen, ordnete man sie schachbrettartig an, rein weiße Stoffelder wechselten mit bestickten, und in diesem Rhythmus kamen die Stickereien besonders gut zur Wirkung.

Wie es dem Sinn dieser Tücher entsprach, bezogen sich die Bilder auf das Leiden Christi, aber man verwendete auch reiche Renaissanceornamente, die aus den Musterbüchern Sibmachers oder Vavassores entnommen waren, oder sich an diese anlehnten. Zuweilen verraten Inschriften und Wappen die Stifter und das Entstehungsjahr.

Am Aschermittwoch oder am ersten Fastensonntag wurden die Fastentücher an einer Stange oder an einem Seil aufgehängt und am Abend vor dem Gründonnerstag bei den Worten der Lesung: »Der Vorhang des Tempels zerriß in zwei Stücke« wieder abgenommen.

In Westfalen wird dieser Brauch noch heute geübt, in manchen Kirchen sind die herrlichen alten Tücher noch vorhanden, sorgfältig restauriert zum Teil, aber mitunter leider auch brüchig und löcherig, und wo die wertvollen Stücke in Museen geborgen wurden, haben die Frauen des Ortes ein neues Fastentuch gestaltet, damit der Brauch nicht in Vergessenheit gerate.

Das größte und bedeutungsvollste Hungertuch befindet sich im Heimathaus in Telgte bei Münster. Es stammt aus der dortigen Pfarrkirche St. Clemens und ist laut Inschrift im Jahre 1623, also mitten im Dreißigjährigen Krieg entstanden. Wie so viele andere zeigt es eine schachbrettartige Zusammensetzung: feines weißes Leinen wechselt mit weißer Filetstopferei. Dargestellt sind 22 Szenen vom Leiden

Christi, die vier Evangelistensymbole, das Lamm Gottes und fünf Bilder aus dem Alten Testament.

Eingestickte Wappen geben Kunde von der Stifterfamilie Henrich Vos und deren Frauen, die wohl die Stickerinnen gewesen sind.

Man darf sich freilich nicht vorstellen, daß sie auch die Bilder selbst entworfen haben. Dagegen spricht die Einheitlichkeit und Geschlossenheit des Stils, der starke Einflüsse der Gotik aufweist, andrerseits volkstümlich-naiv erscheint. In Reliktlandschaften wie Westfalen hat die Gotik noch lange fortgelebt, während anderswo schon die Renaissance ihre Triumphe feierte. Besonders die Kreuzigungsgruppe erinnert an ganz ähnlich gestaltete Tücher des Mittelalters (Altenberg um 1250), aber auch an Fresken (Breisach) und vor allem an gotische Holzschnitte. Holzschnitthaft sind denn auch die Figuren, die durch ihre Umrisse wirken und fast keine Binnenzeichnung aufweisen, oft rein statuarisch, anderseits aber zu ausdrucksvollen Bewegungen fähig. Und das alles wird erreicht mit einer Umrißzeichnung, die sich an das quadratische Filetnetz mit seinen 24 964 Löchern in jedem Bildfeld halten muß, das somit zu einer archaischen Darstellung geradezu zwingt.

Aber auch das Gegenteil ist möglich. Bei der Geißelungsszene drücken nicht nur die geschwungenen Ruten, sondern die ganze Haltung der Kriegsknechte blinde Wut aus, während der Schmerzensmann, leicht gebeugt, aber hoheitsvoll, ganz eng an eine Säule gelehnt, durch die leichte Überhöhung seines Heiligenscheines seine innere Überlegenheit ausdrückt. Der Hahn Petri, das Sinnbild des Verrats, setzt einen starken Akzent, umzuckt von Ruten und Geißeln, ohne Inschrift, nur mit den Buchstaben E I F P (Ego in flagellis paratus). Und mit welchen Mitteln wird diese Ausdruckskraft erzeugt! Nur mit einer Abfolge von winzigen Quadraten im Zweier- und Dreierrhythmus, so wie sie der eng geknüpfte Filetgrund vorgibt, Augen und Mund mit wenigen Leerfeldern gekennzeichnet, sparsam in den Mitteln, rahmenfüllend und in vollendeter Übereinstimmung zwischen Bild und Schrifttext, der wohl von Pfarrer Bitterus Wilge ausgewählt wurde – sein bürgerliches Wappen befindet sich auf dem 3. Bildfeld der 6. Reihe. Und so wäre von jedem der Bilder etwas zu rühmen: Die Ausgewogenheit von Bewegung und Gegenbewegung, die zierliche Anmut von Adam und Eva, die eindrucksvolle Wiederholung der drei Frauen am Grab.

Der Vorzeichner hat sich dabei an ein Schema gehalten, das immer wiederkehrt: In der Kreuzigungsszene, die verschiedentlich abgewandelt ist, in der gegengleichen Darstellung der Henker oder des guten und bösen Schächers. Gegenüber diesen Meisterwerken textiler Gestaltung wirkt die Darstellung der Evangelistensymbole eher bescheiden mit ihren stark stilisierten Granatapfelzweigen und Mittelrhomben. Mit der Renaissancekunst ihrer Zeit haben sie nichts zu tun.

Neun Jahre zuvor, 1614, hatten dieselben Damen Vos ein Hungertuch mit den gleichen Vorwürfen angefertigt, dabei aber die hochrechteckige Form gewählt. Aber um wieviel harmonischer und ausgewogener sind die Telgter Darstellungen, die nun ihrerseits wieder als Vorbilder für andere Tücher Verwendung fanden.

Um 1600 war keine Kirche in Westfalen ohne Hungertuch. Das geht aus verschiedenen Quellen hervor. So wurde bei der Übergabe der Kirche an einen neuen Küster ein Verzeichnis des gesamten Kircheninventars erstellt, in dem die Fastentücher besonders erwähnt waren. Wenn etwa eine fromme Familie das Leinen dazu stiftete, verewigte man sie in der Spenderliste. Die Ausgaben für »Waschen und Stiffen« wurden vermerkt, für das Auf- und Abhängen in der Fastenzeit, für die Anschaffung einer Leine oder eines Stockes, an dem das Tuch aufgehängt wurde. Das Telgter Hungertuch brachte man zu den Klosterfrauen nach Münster, wo es von den Nonnen gewaschen und ausgebessert wurde.

Die erste Erwähnung eines Hungertuches in den Kirchenrechnungen gibt freilich keinen zuverlässigen Hinweis auf dessen Entstehungszeit, da die Tücher meist gestiftet wurden und nicht gekauft zu werden brauchten.

Adam und Eva
Bildfeld aus dem Telgter Hungertuch 1623,
Filetarbeit.
Es war üblich, auf den Hungertüchern nicht
nur die Passionsszenen, sondern auch die Vorbilder
aus dem Alten Testament darzustellen.

Oft sind sie dabei von einer Gruppe von Frauen in Gemeinschaftsarbeit angefertigt worden. Woher die Muster kamen, weiß man nicht. Es gab damals Musterzeichner für Teppichweberei und Stickerei – selbst große Künstler wie Holbein und Dürer haben sich mit solchen Aufgaben befaßt.

Da saßen also die Frauen von Telgte und knüpften die Filetnetze zu den 33 Feldern ihres Hungertuches. Vielleicht hatte eine von ihnen das Garn gestiftet, eine andere das feine Leinen als Opfergaben für das Haus des Herrn. Was wird sie damals bewegt haben? Sicherlich die Kriegsläufe, das Schicksal ihrer Stadt und ihrer Söhne, denn man war damals mitten im Dreißigjährigen Krieg. Aber es wird wohl nicht nur die große und kleine Politik gewesen sein, die diese Frauen beschäftigte, nicht nur häusliche Freuden und Kümmernisse, manchmal haben sie sich wohl in das heilige Geschehen versenkt, das sie mit ihren Leinenfäden wiederzugeben versuchten – die Geißelung und Dornenkrönung – und beim Anblick dieser Martern mag ihnen manch frommer Gedanke aufgestiegen sein, ein stiller Trost in ihren Nöten.

Das Telgter Fastentuch von 1623

Es ist 7,20 Meter breit und 4,20 Meter hoch und zeigt 33 Bildfelder in sechs Reihen mit abwechselnd fünf oder sechs Bildquadraten. Auf 22 Feldern ist die Passion Christi dargestellt, erläutert durch lateinische Beischriften. Darunter folgt eine Reihe mit den Evangelistensymbolen und dem Lamm Gottes. Die unterste Reihe zeigt fünf Szenen aus dem Alten Testament und die Wappen der Frauen, die das Tuch gearbeitet haben sowie die Hausmarke des Telgter Pfarrers. Das sechste Feld enthält die lateinische Dedikationsschrift und die Jahreszahl 1623.

Das Tuch gilt als bedeutendstes Werk textiler Volkskunst in Nordwestdeutschland. 1930 fertigten die Telgter Frauen ein neues Fastentuch mit 18 Bildfeldern an, das jetzt in liturgischem Gebrauch ist.

*Ausschnitt aus dem Telgter Hungertuch 1623
Filetarbeit,
Heimathaus Münsterland, Telgte*

Geißelung
Filetarbeit, Bildfeld aus dem Telgter Hungertuch 1623,
Heimathaus Münsterland, Telgte
(Muster S. 70, 71)

Kreuzigung
Kreuzsticharbeit, Bildfeld aus dem Telgter Hungertuch 1623,
Heimathaus Münsterland, Telgte
(Muster S. 76, 77)

67

Marienklage
Filetarbeit, Bildfeld aus dem Telgter Hungertuch 1623,
Heimathaus Münsterland, Telgte
(Muster S. 78, 79)

Fastentuch

Die Fastentücher Westfalens sind in Filetarbeit ausgeführt. Das quadratische Filetnetz besteht aus kleinen Löchern, in die das Muster mit weißem Leinenfaden eingestickt wird. Diese Motive können natürlich auch heute in Filettechnik ausgeführt werden, sie eignen sich aber auch zum Sticken.

Der Körper wird vollständig mit Kreuzstich ausgefüllt, bis auf die wenigen Linien, die die Fläche gliedern und den darunterliegenden Stoff sehen lassen. Die Auswahl dieses Stoffes ist einer der wichtigsten Punkte bei der Planung, denn davon hängt die Größe der Stickerei ab. Stellen Sie zuerst anhand des Musters die Anzahl der Kreuzchen der Höhe nach fest. Dann messen Sie nach, wieviel Zentimeter zwanzig Fäden (= zehn Kreuzchen) ausmachen. Multiplizieren Sie nun die Zahl der Zentimeter mit der Anzahl der Kreuzchen, die Sie vorher ausgezählt haben, und teilen Sie diese durch zehn. Sie wissen jetzt, wie hoch die Stickerei wird. Wenn sie kleiner werden soll, muß der Stoff enger gewebt sein, zwanzig Fäden müssen also weniger Zentimeter ergeben. Um sich dem Stil des Vorbildes anzupassen, muß die Stickerei jedenfalls einfarbig ausgeführt werden.

Gefangennahme Christi
Bildfeld aus dem Telgter Hungertuch 1623
Ego sum – Ich bin es. (Joh. 18,44). Im Vordergrund, flach
auf der Erde liegend, Judas mit dem Geldbeutel.

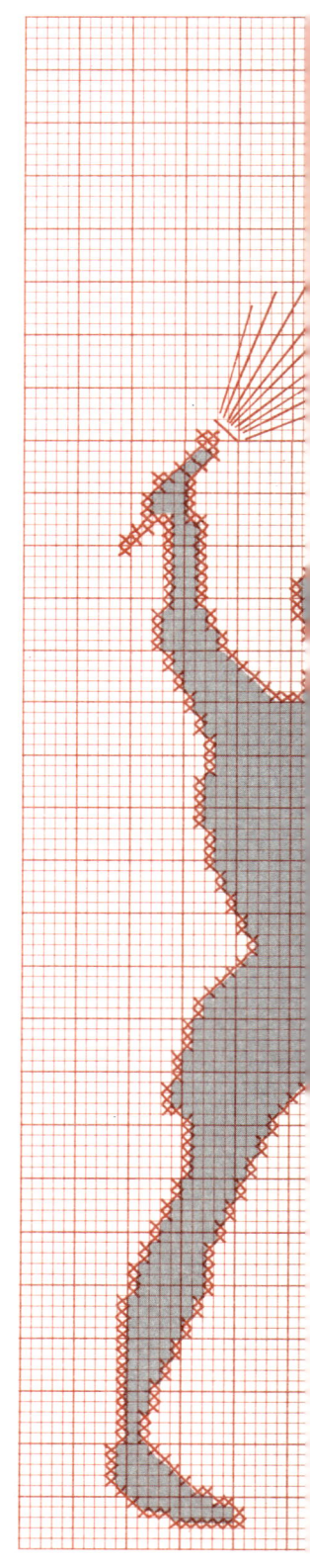

Geißelung
Bildfeld aus dem Telgter Hungertuch 1623 mit Inschrift: E.I.F.P.,
das heißt: Ego in flagellis paratus (sum) – Ich bin zur Geißelung
zugerichtet (Psalm 37/38).

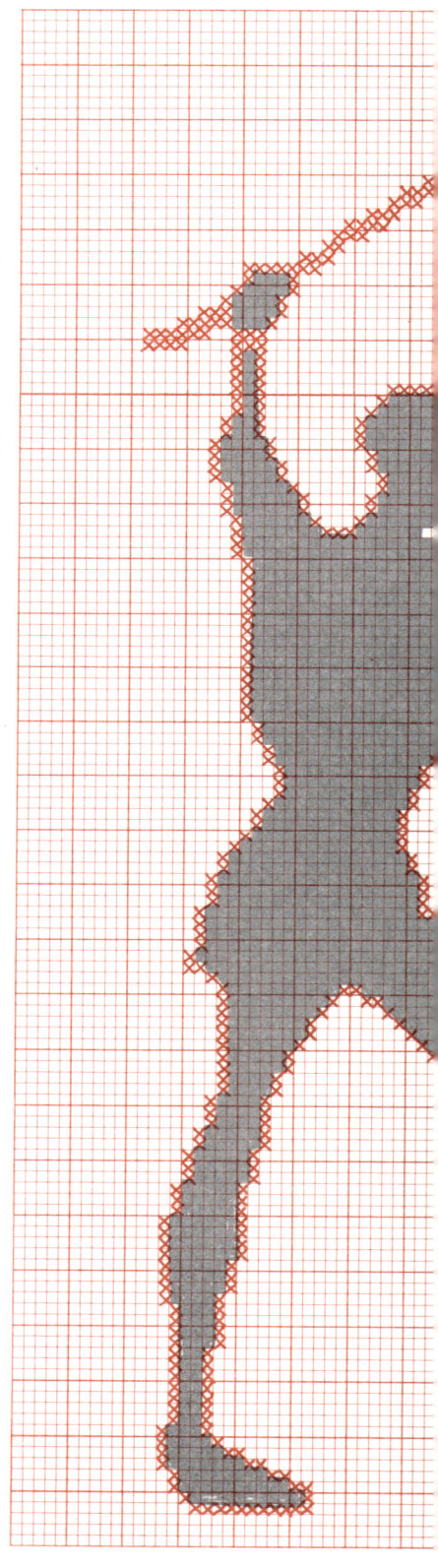

Dornenkrönung
Bildfeld aus dem Telgter Hungertuch 1623 mit Inschrift:
Ave rex Judeorum – Sei gegrüßt, König der Juden
(Mt. 27,29).

Annagelung
Bildfeld aus dem Telgter Hungertuch 1623
Foderunt manus meas et pedes meos – Sie haben meine Hände und
Füße durchbohrt (Psalm 21,17).

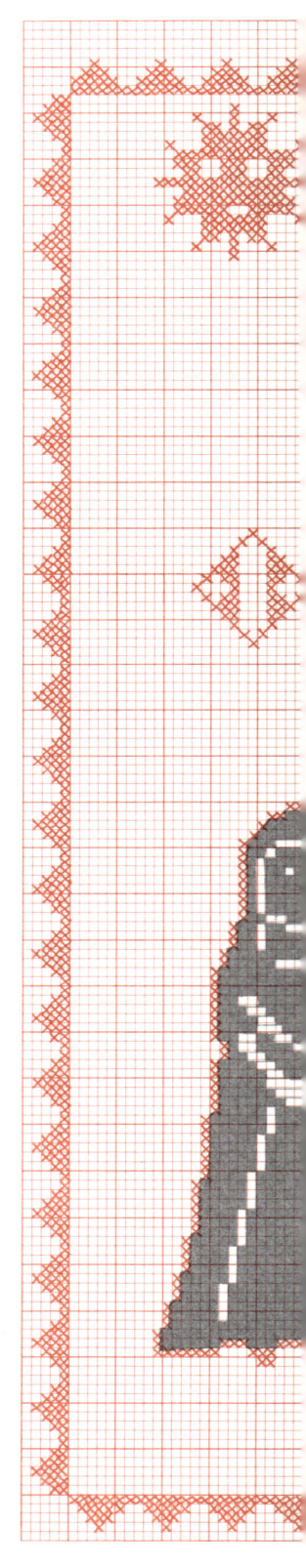

Kreuzigung
Bildfeld aus dem Telgter Hungertuch 1623 mit Inschrift: O C.A.S.U.,
das heißt: O Crux Ave Spes Unica. O Kreuz, unsere einzige Hoffnung
sei gegrüßt (aus dem Vesperhymnus der Passionszeit).

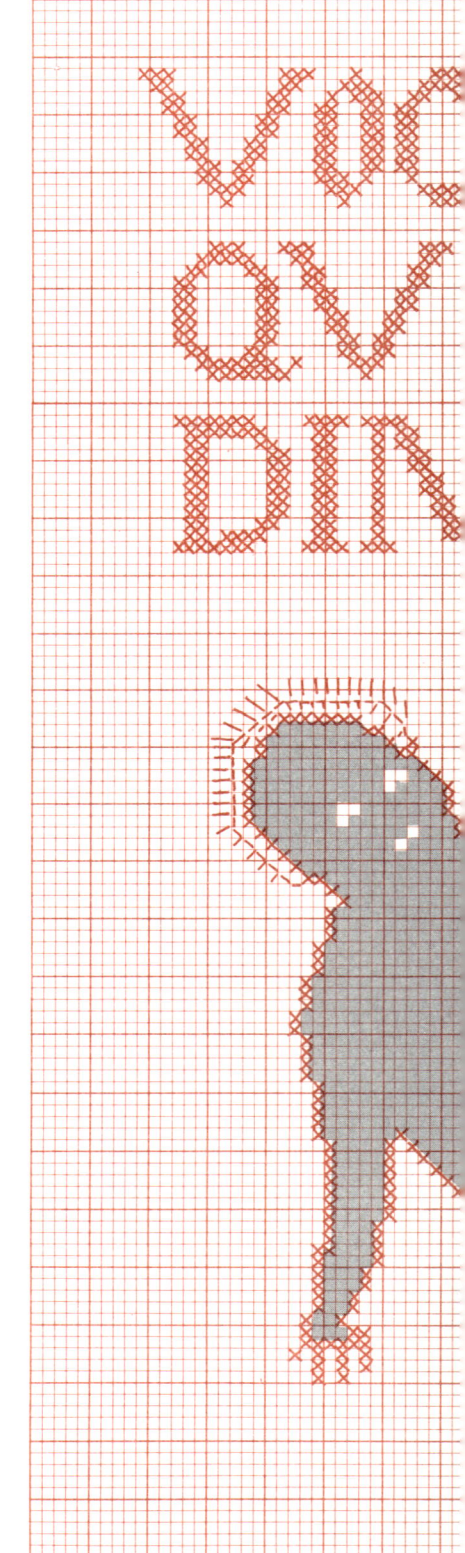

Kreuzabnahme
Marienklage mit der Figur des hl. Johannes
Vocate me Mara, quia amaritudine replevit me (deus
omnipotens) – Nennt mich nicht Noemi, d. h. die
Schöne, sondern nennt mich Mara, d. h. die Bittere, weil
mich der allmächtige Gott ganz mit Bitternis erfüllt hat
(Aus dem Buch Ruth 1,20).

Ostern

Nicht nur die Osternacht ist voll von geheimnisvollem Zauber, auch die Woche vorher, angefangen mit dem Palmsonntag, ist erfüllt mit allerlei Bräuchen, und im Grunde beginnt das Osterwunder bereits beim ersten Schwellen der Knospen, beim Aufkeimen des jungen Grüns. Und in der Tat, die meisten unserer volkstümlichen Osterbräuche gehen auf sehr alte Frühlingsfeste zurück, vereinigt mit den Vorstellungen des christlichen Osterfestes. Ostern ist nicht nur Erlösung von Sünde und Tod, sondern auch eine Befreiung aus der winterlichen Froststarre. Darum sind all die geheimnisvollen Riten dieser Zeit zwiefacher Natur, gleichermaßen verwoben mit der Enge der Kirchenmauern und der Weite der aufblühenden Landschaft.

Es beginnt am Palmsonntag, wenn die Buben die Palmbuschen zur Kirche tragen, aufgebunden an hohen Stangen, manchmal verziert mit Äpfeln und Brezen oder mit gefärbten Hobelspänen. Wer weiß aber noch, daß man den »Palm« am Freitag vor dem Palmsonntag vor Sonnenaufgang schneiden muß, daß man ein Säcklein Salz im Palmbaum verbirgt, der eigentlich den Lebensbaum darstellt, um es nachher dem kranken Vieh einzugeben? Noch zu Beginn dieses Jahrhunderts wurde der Palmbesen in den Keller gestellt, damit die »wilden Feuer« nicht angezogen würden, legte die Bäuerin Palmkätzchen unters Kopfkissen, als probates Mittel gegen Zahnweh und warf sie während des Gewitters ins Herdfeuer, zum Schutz gegen Blitzschlag.

Reste vorchristlichen Gedankenguts haben sich durch die Jahrhunderte gerade in der bäuerlichen Bevölkerung hartnäckig gehalten. Das erklärt die Zähigkeit, mit der diese an ältestem Brauchtum festhielt, an Bräuchen, die kaum mehr als äußerlich mit den christlichen Festen verknüpft sind, an die sie die Kirche anschloß. Wenn am Gründonnerstag selbst noch in der Großstadt die »Kräutelsuppe« mit sieben oder neunerlei Kräutern zubereitet wird, so ist dies wohl das Relikt einer Opferspende, die in vorchristlicher Zeit einem bestimmten magischen Zweck diente.

Wo man sich aber am Gründonnerstag auf den Spinat als »grüne Speise« beschränkt, fügt man ihm eine andere magische Zutat bei, das Ei. Sicherlich hat man das Ei als Träger des Lebens, als Frühlingsopfer und Stärkungsmittel von alters her betrachtet. Nach dem Volksglauben war das am Gründonnerstag gelegte »Antlaßei« von besonderem Abwehrzauber erfüllt. Man glaubte, daß es Kraft verleihe und steckte es deswegen besonders den Männern zu. In die Luft geworfen, sollte es Unwetter abhalten, und deshalb waren es vor allem diese Eier, die am Ostersonntag zur Speisenweihe getragen wurden.

Ursprünglich fand ja auch das Eiersuchen bereits am Gründonnerstag statt, da die Zauberkraft dieser Eier besonders groß war. Auch in Schwaben kam der Osterhase am Gründonnerstag, wie aus einem Brief Rückerts aus dem Jahre 1817 hervorgeht, doch hat wohl das 19. Jahrhundert allmählich die Tätigkeit des Osterhasen auf die Osterfeiertage verschoben – vielleicht auch, um das abergläubische Brauchtum um die Antlaßeier einzudämmen und dieses zu verchristlichen. Diese Entwicklung hatte freilich schon viel früher eingesetzt, war doch durch die Benedictio ovorum im 9.–10 und im 12. Jahrhundert der christliche Sinn des Ostereis in den Vordergrund getreten. Im oberösterreichischen Volksglauben hat das innigen Ausdruck gefunden. Die Schale bedeutet dort das Grab Christi, das Eiweiß das Linnen, in das der Leib des Herrn gehüllt war, der Dotter den Leib des Herrn selbst.

Der eierlegende Osterhase ist in vielen Gegenden schon vor dem 18. Jahrhundert wohlbekannt. Die früheste schriftliche Mitteilung über ihn stammt aus einer Schrift von 1682, in der erzählt wird, daß man in Oberdeutschland wie in der Pfalz, im Elsaß und den angrenzenden Gebieten die Haseneier kenne »auf Grund der Fabel, mit der man einfältigen Menschen und Kindern weismacht, der Osterhase legt solche Eier und versteckt sie in Gärten«.

Wir wissen schon aus Quellen des 14. Jahrhunderts, daß das Eierfärben üblich war, wobei der roten Bemalung sicherlich magische Kräfte zugeschrieben wurden. Man deutet die roten Eier aber auch als Andenken an die Schweißtropfen Christi, die sich in Eier verwandelt hätten, oder erzählt die Geschichte von Nikodemus, der den Leib Christi nur durch eine List erhielt, indem er den Kindern des Pilatus gefärbte Eier schenkte, wofür diese den Leichnam Christi von ihrem Vater erbaten.

Wenn sich die Burschen in der Osternacht am Kammerfenster ihre Eier holten, dann legte jedes Mädchen besonderen Wert darauf, sie ja schön zu färben und mit Schmalz einzureiben, damit sie gebührend glänzten. Am hübschesten aber wurden sie, wenn die Großmutter gepreßte Blättchen und zarte Gräser aus ihrem Gebetbuch hervorsuchte und sie mit einem Faden um das Ei wickelte. Nach dem Färben haben sie sich mit ihren feinen Zäckchen und Adern auf der Eischale abgedrückt, schöner und feiner als jede Feder es zu zeichnen vermöchte. Dunkler Sinn steht dahinter: Der Zauber der Fruchtbarkeit, der sich im Ei verbirgt, wird erhöht durch das umgebundene Kraut. Sie alle, Ostereier und Osterhase, Henne und Osterlamm, Siebenkräutelsuppe und Osterfeuer sind die Zeichen des neu erwachten Lebens, der unerschöpflichen Fruchtbarkeit, die Boten der Auferstehung nicht nur des Herrn, sondern auch der Natur nach der Unfruchtbarkeit des Winters.

Vor der Osterfreude kommt die Düsternis des Karfreitags, der Schauer der heiligen Riten, die mittägliche Fastensuppe mit Brotknödeln, die Ratschenbuben, die mit ihren hölzernen Instrumenten die Glocken ersetzen müssen, aber auch die Unholde vertreiben. Heute lebt die Erinnerung daran noch im Sprachschatz fort in den Wendungen »eine rechte Metten machen« und »Karfreitagsratschen«. Während noch alles in Andacht gebannt ist, während alle Fröhlichkeit gedämpft wird, und sei es mit der drohenden Vaterhand, bereitet sich Wunderbares vor. Schon wird der Holzstoß errichtet, an dem das Osterfeuer ent-

Ostereier
Mit besticktem Siebleinen überzogene Kunststoffeier. Idee und Ausführung:
Renate Renauer (Muster S. 90)

Jagddecke
Aus Privatbesitz in Salzburg
(Muster S. 50, 51)

Festliche Decke für den Bauerntisch
Aus dem Besitz von Frau Nora Wattek, Salzburg
(Muster S. 37, 107, 108)

87

Maikrug
Motiv aus dem Musterbuch der Rosina Fürst, 1689
(Muster S. 105)

zündet und »der Judas verbrannt« wird. Schon steigen die Festgewänder aus den Kästen und Truhen, schon werden die lockeren Osterfladen gebacken und die Speckseiten aus dem Kamin geholt, die am Sonntag zur Weihe getragen werden. In einem großen geflochtenen Weidenkorb findet alles Platz, Fleisch und Salz, Eier und Meerrettich, Brot und Fladen und die buntgefärbten Eier, die mit einem Loch versehen wurden, damit »die Weich einikann«.

Darüber aber breitete man die Weihkorbdecke, ein weißes Leinentuch, das mit roter Stickerei versehen ist, deren Muster mancherorts streng gehütet wurden. Wie immer auf Decken und Tüchern, die religiösem Brauchtum einerseits, andererseits aber auch Fruchtbarkeitsriten heidnischen Ursprungs dienen, verbinden sich in den Stickereien christliche und heidnische Symbole. So sind an den vier Ecken Blütensprossen eingestickt, während ein Osterlamm mit Fahne oder ein religiöses Symbol die Mitte einnimmt. Bis heute hat sich dieser Brauch erhalten, und es ist der Stolz jedes Mädchens, die schönste Decke vorzuweisen.

Ostereier

Der Prediger Andreas Strobl hat im Jahre 1700 in Salzburg in seinen Ostergeschichtlein die »Neugefärbten Oster-Ayr« beschrieben: »Man verguldts, man versilberts, man belegts mit schönen Flechten und macht allerhand Figuren drauff, man marmelirts, man mahlts auch und ziehrts mit schönen erhebten Farben, man kratzts aus, man machet etwan ein Oster-Lämblein, ein Pelican, so seine Junge mit aignem Blut speiset oder die Urständ Christi oder was andere darauff, man siets, man färbts grün, roth, gelb, goldfarb etc. Man machts auch schön gesprängt, und verehrt es hernach ein guter Freund dem andern. Ja man tragts heut in großer Menge in die Kirch zu der Weych.«

Nur an eine Art der Verzierung hat der Prediger nicht gedacht – sie ist ja auch relativ neu – das Ei mit Stickerei zu überziehen.

Überzogene Ostereier

Das Motiv wird mit feinem Garn auf Siebleinen gestickt. Nun werden zwei ovale Fleckchen ausgeschnitten, deren Größe sich nach dem Ei richtet. Man rechnet durchschnittlich mit einer Größe von zehn auf zehn Zentimetern. Das Muster muß über Eck stehen, damit sich der Stoff besser an die Rundung des Eies anschmiegt. Mit einem Textilkleber werden die beiden ovalen Fleckchen aufgeklebt. An den Schnittstellen werden die überflüssigen Ecken weggeschnitten, so daß sich die beiden Fleckchen nicht überlappen. Über die Schnittkanten klebt man eine Spitze, ein gesticktes Streifchen Stoff, eine gehäkelte oder gekaufte Borte. Zum Überziehen eignen sich nur Kompakteier aus dem Bastelgeschäft aus Styropor, Plastik oder Holz. Dazu muß der entsprechende Kleber verwendet werden. Um die Eier faltenfrei überziehen zu können, muß man den Stoff kräftig andrücken. Das ist bei ausgeblasenen Eiern nicht möglich.

Die kleinen Motive eignen sich auch zum Ausschmücken von Briefpapier. Je dünner der Stoff und je feiner das Garn, desto besser die Wirkung. Es ist ratsam, den Faden so lang zu wählen, daß man das ganze Motiv damit sticken kann und nicht oft vernähen muß. Die Stickerei wird gleichmäßig ausgeschnitten, nur ein schmaler Rand bleibt stehen.

Weihdecke

dat. 1723
Städtisches Museum Bozen

Die Mitte der quadratischen Decke nimmt ein Kranz mit dem Christusmonogramm ein. Der Rand ist unregelmäßig mit verschiedenen Motiven bestickt. Die Seitenmitte nimmt ein großes, gleichschenkeliges Kreuz ein, links davon der Reichsadler, rechts das Osterlamm, getrennt mit je zwei kleinen Sternen. Weitere Monogramme Jesu und Mariens befinden sich auf der Längsseite. Die Randborte wird von den Namen verschiedener Heiliger gebildet, die in Großbuchstaben um das ganze Tuch gestickt sind, der Heiligen Dominicus, Pius, Thomas, Catharina und Rosa. Den Abschluß bildet eine feine Klöppelspitze. In den vier Ecken finden wir wiederum das alte Lebenssymbol, den blühenden Zweig mit zwei Hirschen (S. 93 und 94).

Decke

Städtisches Museum Bozen

Eine der schönsten quadratischen Weihdecken zeigt im Zentrum nicht das sonst übliche Christusmonogramm, sondern einen Maikrug mit Nelken. Aus den vier Ecken sprießen wunderschöne Blütenzweige mit dem Türkenbund. Um den Stengel windet sich ein S-förmiges Motiv, das auch in anderen Südtiroler Stickereien vorkommt und für diese Gegend typisch ist. Wir haben hier eine der harmonischsten Arbeiten dieser Art vor uns.
Die drei Borten stammen aus einem alten Musterbuch.

Kleine Geschenke

Nicht alle Leute können ebensogut nähen wie sticken. Ihnen ist es ein Greuel, die Stickerei zu versäubern, zu füttern, zusammenzunähen. Für diese Schwierigkeiten gibt es eine einfache Abhilfe. Es gibt eine Firma (Fritz Kromberg, 5600 Wuppertal 2 (Barmen), Postfach 200 813), die Leinenbänder herstellt. Die Breiten sind: 2,5, 4, 6, 8, 10, 16 und 24 Zentimeter. Das Gewebe ist bestes Leinen, zum Sticken außerordentlich gut geeignet. Es gibt auch Bänder (2,5, 4 und 6 Zentimeter breit) mit schmalen roten, blauen oder braunen Randstreifenmuster (in München bei A. Weinberger, Herzogspitalstraße 7).
Wozu kann man sie verwenden? Die schmalen Bänder eignen sich für Buchmerkzeichen, zur Verzierung von Schrankfächern und im Bauernhaus für das Eckbrettchen im Herrgottswinkel. Breitere Bänder dienen als Glockenzüge oder einfach nur als Schmuck für ein schmales, längliches Wandstück. Das 24 Zentimeter breite Band eignet sich für ein kleines Deckchen. Die Schmalseiten können mit Hohlsaum oder Fransen gesichert werden, was meist besser zur Handarbeit paßt als ein maschinengenähter Saum.
Zum Thema Deckchen sei gesagt, daß ein solches nicht immer mit einer Borte verziert zu werden braucht, die im Viereck den Rändern folgt. Weniger Arbeit und eine ähnlich gute Wirkung erzielen Sie, wenn das Bordürenmuster nur an den beiden Schmalseiten entlangläuft, wobei ein gebührender Abstand vom Rand einzuhalten ist. Für ganz Eilige genügt sogar ein Motiv in der oberen oder unteren linken Ecke oder in der Mitte des Deckchens. Freilich ist es gut, wenn man sich vorher überlegt, in welcher Umgebung es seinen Platz finden wird. Man kann sich mit Farbe und Muster nach dem herrschenden Stil richten. Ein chinesisches Set etwa war nur an der unteren Längsseite mit einem verhältnismäßig breiten Bordürenmuster bestickt und sah sehr apart aus.

Säckchen

Es ist nicht schwierig, ein kleines Geschenk auszusuchen, ein Stück Seife etwa oder ein Fläschchen Parfüm für die Damen, Rauchwaren oder Likör für den Herren, selbstgezogener Lavendel oder Gewürze, nett verpackt – aber wie?

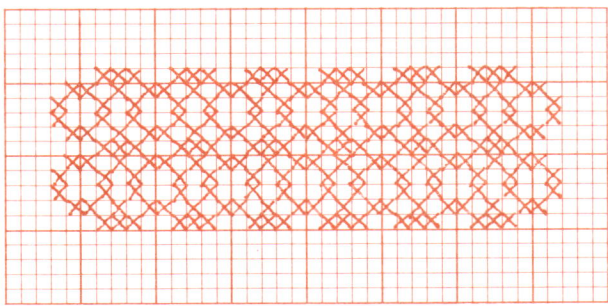

Nehmen Sie einen Stoffrest, besticken Sie eine Seite mit einem Rest Garn und nähen Sie das Ganze zu einem Säckchen zusammen, dessen oberen Rand Sie mit dem gleichen Garn einhäkeln. Verschlossen wird dieser kleine Behälter mit einer gedrehten Schnur. Vielleicht haben Sie aber gerade keinen Stoffrest, der sich zum Sticken eignet. Sicher finden Sie aber irgendein anderes Fleckchen kräftigen Stoffs, das Sie dazu benützen können, indem Sie Stramin fadengerade aufnähen. Nach dem Sticken werden die Straminfäden herausgezogen. Da es sich nur um kleinere Muster handelt, ist das überhaupt nicht schwierig. Stramin gibt es in verschiedenen Stärken. Für die kleinen Motive, die Sie verwenden, müssen Sie Stramin 4,8 oder 5,5 benützen.
Säckchen in verschiedenen Größen können zur Aufbewahrung von Brot dienen, zur Verpackung von Servietten oder des Reisebestecks, sie können nur auf einer Seite, aber auch auf beiden bestickt werden, die Rückseite kann auch den Namen des Beschenkten oder des Schenkenden tragen. Muster dazu finden Sie auf S. 90 und 102.

Sets

Meistens denkt man zu spät an das nahende Fest und steht unter Zeitdruck. Man braucht aber deswegen nicht auf ein selbstgesticktes Geschenk zu verzichten. Kaufen Sie ein fertiges Set, das womöglich aus einem leinenartigen Gewebe bestehen soll, auf dem Sie leicht sticken können. Wenn diese Qualität nicht erhältlich ist, helfen Sie sich mit Stramin. Das Wichtigste dabei ist, daß sie diesen fadengerade aufnähen. Um mir dieses Geschäft zu erleichtern, mache ich auf das zu bestickende Gewebe Vorderstiche in gut abstechender Farbe. Sie sehen nun deutlich, in welcher Richtung Sie den Stramin mit mittelgroßen Vorderstichen aufnähen müssen. Besonders hübsch ist es, wenn Sie zwei farblich verschiedene Sets verschenken, die entweder mit gleichem oder voneinander abstechendem Garn bestickt wurden (vgl. Motive S. 101, 102).

Schachteln

Zum Überziehen von Spanschachteln benützt man Siebleinen, bei dem die Größe eines Kreuzchens genau den Vorlagen in diesem Buch entspricht (2 mm). Man sucht ein Muster, das den Deckel locker ausfüllt, man kann es natürlich nach Bedarf abändern. Der Stoff wird so zugeschnitten, daß er auch noch den seitlichen Deckelrand bedeckt, an den er nach der Fertigstellung der Stickerei mit Pattex geklebt wird. Man unterlegt das Leinen mit weißem Stoff in der Größe des Deckels, damit es sich schön anlegt. Eine gehäkelte Borte oder ein Spitzeneinsatz wird über die Seite des Deckels gespannt, der Schachtelboden wird seitlich mit einer gestickten Borte verziert.

Maikrug

Rosina Fürst, 1689
(Muster S. 105)

Es gibt im engeren und weiteren Familienkreis zahlreiche Festlichkeiten, an die man mit einer besonderen Stickerei erinnern möchte: Ein Jubiläum, ein runder Geburtstag, eine Ernennung oder ein anderes freudiges Ereignis. Der nebenstehende »Maikrug«, ein typisches Barockmuster, ist für einen großen Behang geeignet. Er kann zusätzlich mit den Initialen des Empfängers oder dem Datum des festlichen Anlasses ausgestattet werden. Für die Größe des Motivs ist die Struktur des Stoffes ausschlaggebend. Berechnen Sie die Maße schon beim Stoffeinkauf! Behänge sollte man füttern, der Rand kann ausgefranst werden, nachdem er mit Hohlsaumstich befestigt wurde.

Große Tischdecke

Sammlung Watteck
(Muster S. 37, 107, 108)

Eine breite Borte läuft längs und quer durch die Mitte des quadratischen oder rechteckigen Tischtuches. Die großen Blumensprossen, die sonst gewöhnlich die vier äußeren Ecken ausfüllen, sind jetzt in die Mitte gerückt und nehmen von innen nach außen wuchernd eine zentrale Stellung ein. Auf der Mittelborte stehen je zwei große Blumenvasen und unterbrechen die Fläche. Kleinere Blumensprossen sind dazwischen gestellt.
Je nach der Größe des Tisches können auch andere Borten und Ecksprossen gewählt werden.
Der Vorteil dieser Stickerei ist, daß sie vollständig zu sehen ist und die ganze Tischplatte bedeckt. Der Rand wird dagegen in äußerst schlichter Weise verziert. Ein Hohlsaum oder eine schmale Randborte ist genug. Auf diese Weise kommt die schöne Stickerei voll zur Geltung. Die dazugehörige Mittelborte finden Sie auf S. 37.

Literaturverzeichnis

Adler Margot, Bäuerliche Handarbeiten aus dem unteren Saalachtal, in: Salzburger Heimatpflege, 5. Jahrg. Heft 3, Nov. 1981 S. 159–168
Bauerreiß Romuald, Die heilige Achtzahl, in: Münchner Katholische Kirchenzeitung 1961 S. 452
Beitl Klaus, Liebesgaben, Zeugnisse alter Brauchkunst. München 1980
Engelmaier Paul, Westfälische Hungertücher. Münster 1961
Ortner Eugen, Glück und Macht der Fugger. München 1954
Sonderausstellung im Linzer Schloßmuseum 1979, Ostereier, Katalog.

Stickereien für dieses Buch fertigten an:

Frau Anna Hangl, München; Frau Annemarie Schwaiger, Kirchdorf; Frau Renate Renauer, Untergermering; Mrs. Margo Irwin, Radnor, USA; denen ich für ihre Mühe ganz besonders danke.

Bildnachweis:

Heimathaus Telgte; Österreichisches Museum für Volkskunde; Joachim Sowieja, Landesamt für Denkmalspflege, München; Albrecht Gierl, Rosenheimer Verlagshaus und Joseph J. Rink.

Mein besonderer Dank gilt Herrn Dr. Krins und Frau Kopittke, Heimathaus Telgte, Frau Margot Adler, Lofer, Frau und Herrn Pedrotti, Bozen und der unermüdlichen Hilfe meiner Tochter Angelika und meines Sohnes Albrecht.

Irmgard Gierl

STICKMUSTER SCHATZ

Eine Auswahl erlesener Motive

Zweiter Teil
EUROPÄISCHE STICKEREIEN

rosenheimer

Inhalt

Er hat ihr Herz mit Weisheit erfüllt, allerlei Werk zu wirken und zu sticken mit blauem und rotem Purpur und mit Weben, daß sie machen allerlei Werk und kunstreiche Arbeit erfinden.

2.Moses 36,8 ff.

Nicht Dinge des alltäglichen Gebrauches verbanden die Völker der Frühzeit – bestimmend für den ältesten Weltverkehr waren Luxus und Kult. Bernsteinstraßen, Weihrauchstraßen, Seidenstraßen stehen am Anfang. Von den nördlichen Meeren ging der Weg des Bernsteins nach Süden. Die Weihrauchstraßen begannen am südlichsten Ende Arabiens und liefen von Oase zu Oase nach Mekka, Bagdad, Jerusalem und Syrien, es waren dieselben Straßen, auf denen sich der Islam ausbreitete. Die Seidenstraßen zogen in drei Hauptsträngen über den Riesenleib Chinas, durch Salzsümpfe und Steinwüsten über die Gletscher des Pamir oder durch das Partherreich nach Syrien. Drei Jahre dauerte die Reise nach dem Westen. Erst um 550 brachten zwei Mönche in ihren hohlen Wanderstäben Eier der Seidenraupe nach Konstantinopel. Seitdem war die Seidenmanufaktur ein Monopol des byzantinischen Kaisers.

Vom fernen und nahen Osten, aus China und Byzanz stammen aber nicht nur der Rohstoff Seide, sondern auch die Web- und Stickereimotive. Die Gewänder der Kaiserin Theodora auf den Mosaiken von Ravenna gewähren uns eine Vorstellung von der Seidenstickerei jener Zeit. Die Seide aus dem Grab Karls des Großen, die Stickereien des Bamberger Domschatzes folgen in Anordnung und Technik den byzantinischen Vorbildern, der Gößer Ornat aus dem 13. Jahrhundert weist neben christlichen Darstellungen eine reiche Fülle geometrischer Ornamente auf, uralte orientalische Formelemente, die in der Volks-

6

kunst noch lange fortlebten. Dem Dienst der Kirche und dem Ruhm der Könige dienten seit altersher höfische Schaustellungen und kirchliche Zeremonien mit ihren festlichen Prunkgewändern, mit Tapisserien und Baldachinen, Rückenlaken und Behängen. Der älteste und berühmteste unter ihnen hat die Jahrhunderte überlebt – der Teppich von Bayeux. Vielleicht hat Bischof Odo ihn zum Schmuck seiner neuerbauten Kathedrale anfertigen lassen, die 1077 geweiht wurde. Er ist das Werk angelsächsischer Sticker, die auf 70 m langem Leinenuntergrund die Eroberung Englands durch die Normannen in bunter Wolle arbeiteten, lebendig bis in die letzte Einzelheit, ein Gegenstück zur zeitgenössischen Buchmalerei.

Es scheint, daß die normannischen Eroberer die Kunst des Stickens in England besonders gefördert haben. Am Ende des 11. Jahrhunderts, zur Zeit des ersten Kreuzzuges wurden in überaus kunstvoller Weise dicht aneinanderliegende vergoldete Silberfäden auf dunkle Seide genäht. In regelmäßigen Abständen zog man den Goldfaden in einer kleinen Schlinge durch den Stoff und nähte ihn nach dem Prinzip des Ober- und Unterfadens, das wir bei der Nähmaschine anwenden, auf der Rückseite mit Leinenfäden fest. Diese Technik wurde bald in ganz Europa bekannt, und da sie ihre höchste Verfeinerung in England erfuhr, nannte man sie ›opus anglicanum‹.

In einem Inventar des Vatikans von 1295 überwiegen die Stickereien dieser Art weitaus alle übrigen. Dabei war das ›opus anglicanum‹ überaus kostspielig, denn neben seinem künstlerischen Wert erhielt es durch Perlen und Halbedelsteine, mit denen es reichlich verziert war, auch einen materiellen, so daß es von den reichen Londoner Kaufleuten als gute Geldanlage betrachtet wurde.

Neben- und übereinander angeordnete Medaillons waren typisch für die Stickerei und Malerei jener Zeit. Im zweiten Viertel des 14. Jahrhunderts kam glatter Samt als Grundstoff in Gebrauch, ein aus Asien eingeführtes Material, das schon Marco Polo rühmte. Die Stickerei wurde über dünnem Stoff ausgeführt, auf dem das Muster vorgezeichnet war.

Dieser kleine Kunstgriff erleichterte das Sticken auf dem schweren Material derart, daß von nun an Schönheit und Eleganz ein Hauptmerkmal der Stickereien war, während sich die älteren Arbeiten durch ihre tiefe Religiosität ausgezeichnet hatten. Die Medaillons wichen nun Arkadenbögen – wir kennen sie auch aus der Malerei – der Inhalt der Stickereien bezog sich mit Vorliebe auf das Leben der hl. Jungfrau, deren Verehrung ein besonderes Charakteristikum dieser Zeit ist. Seit dem 13. Jahrhundert erschienen neben den reichen Goldstickereien Werke aus einfacherem Material, aber in vielfältiger technischer Durchbildung, die kaum mehr von fremden Vorbildern beeinflußt wurden – wir stehen am Beginn einer bodenständigen deutschen Stickkunst.

Die kirchliche Liturgie schrieb für den Dienst am Altar weißes Leinen vor. Altardecken, Antependien, Meßhandtücher und die riesigen »Hungertücher«, die in der Fastenzeit zwischen Chor und Mittelschiff hingen, bestickte man mit weißen Leinenfäden. Die fehlende Farbe suchte man durch reiche Verwendung verschiedenster Sticharten (Stiel-, Ketten-, Spitzen-, Hexenstich) zu ersetzen.

Diese weißen Leinenstickereien wurden schon früh in Norddeutschland (Lüne, Marienwerder, Ebstorf, Wienhausen), in Oberdeutschland noch weit bis ins 16. Jahrhundert hinein in großer Zahl hergestellt. Seit dem Ende des 14. Jahrhunderts stand die Schweiz an erster Stelle. Hier fanden die weißen Leinenstickereien nicht nur für kirchliche Zwecke, sondern auch für den praktischen Gebrauch im Haushalt Verwendung. Zwischen dem gotischen Rankenwerk standen biblische und profane Szenen, die sich oft eng an Holzschnitte anlehnten.

Die weiße Leinenstickerei verdankte ihre Entstehung kirchlichen Bedürfnissen – anders die dichte, vielfarbige Wollstickerei, die gewirkte Tapisserien nachahmte. Es war eine uralte Sitte, die Wände zum Schutz gegen die Kälte mit selbstgewebten Stoffen zu behängen. Als »Banklaken« befestigte man sie hinter den umlaufenden Wandbänken oder Chorstühlen. Der Untergrund dieser Wollstickereien war grobes Leinen, das Stickmaterial gefärbte Schafwolle.

Die Wollfäden wurden, der Vorzeichnung folgend, auf die Leinwand gelegt und mit Überfangstichen aus demselben Material darauf befestigt (Klosterstich). Im 14. und 15. Jahrhundert blühte diese Technik besonders in Norddeutschland, aus Süddeutschland stammt der schöne Medaillonteppich aus Regensburg oder der Maltererteppich in Freiburg/Br. Wieder war es die Schweiz, die im 15. Jahrhundert Musterleistungen dieser Art hervorbrachte. Die Klarheit der Formen und ihre strahlende Buntheit wetteifern auf diesen genealogischen oder anekdotischen Teppichen miteinander.

Die Kriege am Ende des 14. Jahrhunderts und der Schwarze Tod hatten den Niedergang der englischen Stickerei im Gefolge. Auf den reich gemusterten italienischen Seiden- und Brokatstoffen, die nun Verwendung fanden, waren weitere Verzierungen kaum mehr nötig. Die Stickerei bedeckte nun nicht mehr die ganze Fläche wie ehedem, sondern beschränkte sich auf Einzelmotive. Um die Herstellung zu erleichtern und zu beschleunigen, wurden die Vorzeichnungen vereinfacht, damit aber auch einförmiger. In der zweiten Hälfte des 15. Jahrhunderts übernahm Flandern die führende Rolle in der westeuropäischen Stickerei, das einen neuen Figurenstil mit schweren, massigen Draperien einführte.

Das 15. Jahrhundert entwickelte eine neue Technik. Die Stickereien wurden auf Leinengrund gearbeitet, ausgeschnitten und auf Seide oder Samt aufgenäht, eine Arbeitsweise, die eine wirkungsvolle, aber auch rasche Verzierung größerer Flächen ermöglichte. Diese Applikationstechnik wurde übrigens schon im alten Ägypten angewandt. Zur Erhöhung des Effekts trugen vergoldete Silberfäden bei, mit denen die Motive umrandet wurden. Neben den herkömmlichen religiösen Vorbildern, die mit Lilien, Glocken oder beschwingten Engeln umgeben waren, wurde es nun auch üblich, das Wappen oder das Portrait des Stifters auf den Stickereien anzubringen. Vielleicht war das ein Zeichen für die wachsende Bedeutung der Einzelpersönlichkeit, für die Verweltlichung des Lebens und das Aufkommen eines neuen Gesellschaftstyps – wir befinden uns kurz vor der Reformation.

Um 1500 wurde die Stickkunst Mitteleuropas von der Plastik beeinflußt. Durch Papier- und Stoffunterlagen erzielte diese Hochreliefstickerei beinahe vollplastische Wirkung, die Figuren, die durch Einfassung mit Perlen oder Goldfäden noch mehr hervortraten, beherrschten die Stickerei, dem Ornament kam untergeordnete Bedeutung zu.

Die kostbaren Krönungsmäntel, Meßornate, Fahnen und höfischen Gewänder waren das Werk der »Seidennater« (Seidensticker). Durch ein Privileg Kaiser Rudolfs II. von 1595 wurden sie der Malerzunft einverleibt, weil »dieselben ohne die Maler und deroselben Kunst nit kennen sein«. Damit kommt die enge Beziehung zum Ausdruck, die zwischen Malerei und Stickerei bestand, waren es doch die Maler, die den Seidenstickern die Entwürfe zu ihren Arbeiten lieferten.

Diese Abhängigkeit der Stickerei von der Malerei war in Italien besonders stark ausgeprägt – die großen künstlerischen Vorbilder sollten in der Stickerei nachgeahmt werden, und tatsächlich bildeten Werke Fra Angelico's und Giotto's Vorlagen für die italienische »Nadelmalerei«. Aus zeitgenössischen Quellen geht hervor, daß Pollaiuolo (1429–1498) von der Arte dei Mercanti, der Kaufmannszunft, beauftragt wurde, Entwürfe für vier kirchliche Gewänder anzufertigen, die in vierjähriger Arbeit von neun Stickern ausgeführt wurden. Alle Formen und Einzelheiten sind bis in die feinsten Nuancen auf die Stickerei übertragen, die zarten Farben der Seide und der Schimmer der Goldfäden vereinigten sich zu einem Kunstwerk von auserlesener Schönheit (im Dom-Museum zu Florenz).

So war es also kein Zufall, daß auch zu Beginn der Renaissance die Entwicklung der Stickerei in den Händen italienischer Künstler lag, die die neuen Musterbücher zeichneten, eines Paganino (1527–30), Zoppino (1530), Vavassore (1531) und Tagliente (1531). Es ist ein seltenes Spiel des Schicksals, daß diese Musterbücher zu den ersten Erzeugnissen der Buchdruckerkunst gehörten und die neue Kunstrichtung über ganz Europa verbreiteten. Statt der gotischen asymmetrischen Ranken füllt nun ein ausgewogenes System von Spiralen die Fläche, an die Stelle unruhiger Bewegtheit tritt Klarheit, der alte

Lebensbaum wird in eine Vase mit üppig hervorquellenden Blumen verwandelt, die Gesamtkomposition streng um eine Mittelachse geordnet. Das Kennzeichen dieser Zeit ist das Zurücktreten der figuralen Arbeit und die Bevorzugung ornamentaler Muster, vor allem der aufgenähten Schnur-Arabesken. Die frühere starke Farbigkeit geht zugunsten von Gold und aufgenähten Perlen zurück. Die Muster waren für Kreuzstich, Plattstich, Schnur-Ornamentik (Groppo), für Bortenwirkerei und Weberei geschaffen, wie ja die Verwandtschaft von Web- und Kreuzstichmustern von jeher sehr ausgeprägt war. In Augsburg wurde die italienische Renaissance in deutsche Formen umgeprägt, Heinrich Steiner druckte dort 1534 das »Neue Modelbuch auff die Welschen monier«.

Die großartigen Aufgaben, die Kirche und Hof der Stickkunst stellten, haben in Stil und Qualität zu höchsten künstlerischen Leistungen geführt. Aus Frankreich und Burgund wird von gestickten Zimmerausstattungen berichtet. Möbelbezüge, Wandteppiche, Vorhänge, Decken und Kissen wurden in den französischen Schlössern mit einheitlich komponierten Stickereien ausgestattet. Aber auch in den Herrenhäusern Englands waren wärmende Behänge notwendig, die harten Sitzmöbel erforderten viele Kissen. Es gab reichgestickte Kleidung, Schuhe, Kappen, Buchhüllen, Beutel für wohlriechende Pflanzen und Gewürze. Die Neujahrsgeschenke – Geld oder Juwelen –, wurden in gestickten Börsen überreicht, ein Inventar Maria Stuarts nennt 45 Paar reich verzierte Handschuhe aus purpurfarbenem, weißem und gelbem Atlas. Bernhard Strigels (1460–1528) Bildnis der Maria Blanca gibt eine Vorstellung von der Pracht der höfischen Mode, von der reichen Verwendung von Stickerei an Mieder, Haube und Handschuhen, und es ist reizvoll zu verfolgen, daß der obere Streifen am Mieder, zwei Pfauen vor einer Vase, nach italienischen Vorlagen entstanden ist und im »Neuen Formbüchlein« des Hans Schwarzenberger von 1534 erscheint.

Aber die Stickerei beschränkte sich nicht auf die gewerbsmäßigen »Seidennater«, sie wurde eine Liebhaberei der vornehmen Damen, die sich manchmal dadurch verrieten, daß sie ihren Namen anbrachten, ganz im Gegensatz zur Anonymität der Berufssticker. In England gab es vornehme Haushalte, in denen ein Sticker die Nadelarbeit zu leiten hatte, die von der Herrin und ihren Mägden ausgeführt wurde. Von Bess of Hardwick wird sogar erzählt, daß sie ihre Reitknechte zu diesem Geschäft gezwungen habe.

Um diese Zeit erlangte die Kunst des Stickens in weiten Kreisen große Beliebtheit und war nicht länger ein Vorrecht der höchsten Gesellschaftskreise oder der professionellen »Seidennäter«. Die überaus schwierigen und kostbaren Arbeiten mit Metallfäden machten einer einfacheren Technik Platz, die sich rasch in weiten Kreisen der Bevölkerung einbürgerte, dem Kreuzstich. Wie schon vorher wurde die Stickerei auf Leinen ausgeführt, ausgeschnitten und auf den kostbaren Samt aufgenäht. Mit dieser Arbeitsweise gelang es auch weniger geübten Frauen, wirkungsvolle Arbeiten auszuführen. Nach der Reformation schnitt man Stickereien aus kirchlichen Paramenten, um sie auf weltliche Textilien zu applizieren.

Auch die unglückliche Maria Stuart hat sich in den langen Jahren der Gefangenschaft mit solchen Arbeiten die Trostlosigkeit ihrer Lage erleichtert. Schon als junge Königin hatte sie Gefallen daran gefunden, später wurde die Stickerei eine Leidenschaft. Sie schickte Geschenke dieser Art an Königin Elisabeth und versuchte ihre Bewacher damit günstig zu stimmen. Ein Inventar, das sechs Monate vor ihrem Tode aufgestellt wurde, enthält viele unvollendete Stickereien: Bettvorhänge und Stuhlbezüge – es ist, als ob die Gefangene es sich zur Aufgabe gemacht hätte, jeden Gegenstand des täglichen Lebens zu schmücken. Wir kennen sogar die Vorlagen, die sie benützte: die modernsten Musterbücher ihrer Zeit aus Lyon (1557) und Zürich (1560). In diesen Arbeiten trat Marias Vorliebe für Sinnsprüche zutage, eine Mode, die, von Italien ausgehend, im 16. Jahrhundert weite Verbreitung fand. Mit den Buchstaben ihres Namens bildete die Königin die prophetischen Anagramme: TU AS MARTYRE oder SA VERTUE M'ATTIRE. In einem typischen Renaissancemuster wiederholen sich in endloser Reihenfolge die Buchstaben M S, wohl die Initialen der Königin. Vor ihrer Hinrichtung beschenkte sie ihre Vertrauten mit diesen Handarbeiten, die über Jahrhunderte hinweg nichts von ihrem Reiz eingebüßt haben und in einer Sammlung in Hardwick Hall aufbewahrt werden.

Es gehört zu den Besonderheiten der Renaissance, daß sie sich vom religiösen Motiv weitgehend abwandte, und die Sagen des klassischen Altertums bevorzugte. Auf die Bettvorhänge stickte man Episoden aus Ovids Metamorphosen oder Venus und Adonis, während sich das einfache Volk dem Alten Testament mit seinen eindringlichen Gestalten zuwandte. Adam und Eva, Kain und Abel, Noa und die Arche, Jonas und der Wal, Josua und Kaleb waren beliebte Motive, die freilich die bisher gebräuchlichen neutestamentlichen Darstellungen nicht ganz verdrängen konnten.

Auch die Farbe der Stickereien war unmittelbar vom Zeitgeschmack abhängig. Dem kraftvollen Rot, das allgemein vorherrschte, mag als Farbe des Lebens magische Bedeutung zugekommen sein, aber es war im 16. Jahrhundert auch die Farbe der Vornehmen. In der damaligen Tracht kam ihr eine überragende Rolle zu – sogar die Schuhsohlen waren rot gefärbt, und ein letzter Rest hat sich in den alpinen Trachten an Mieder und Leibl über viele Jahrhunderte hinweg erhalten.

Während die englische, niederländische und italienische Bildstickerei im Dienst der Kirchen- und Landesfürsten stand, erscheint die Stickkunst der Länder des deutschen Sprachraums von köstlicher Frische und Volkstümlichkeit. Die wachsende Selbständigkeit der Städte, das Emporkommen der Bürgerschaft und die Reformation brachten auch einen Wandel in der Stickerei mit sich. Die bürgerlichen Arbeiten, für den allgemeinen, profanen Gebrauch bestimmt, werden kleiner im Format, bescheidener in der Wirkung, einfacher in Material und Herstellung, aber voll von farbenfrohem, bewegtem Leben.

Der Grund für die rasche Verbreitung der Renaissance-Stickerei war die billigere und einfachere Technik der Kreuzstichstickerei, die sie einer viel breiteren Bevölkerungsschicht zugänglich machte, als das ehemals bei der kostspieligen und schwierigen Arbeit mit Seide, Gold und Perlen möglich war. Dazu kam der Umstand, daß die neuen Muster im Druck erschienen. Die »Modelbücher« bezeugen den gegenseitigen künstlerischen Gedankenaustausch jener Zeit, und es spricht für ihre große Beliebtheit, daß sie bis ins vorige Jahrhundert immer wieder nachgedruckt wurden. Besonders die Muster aus Sibmachers »Neuem Modelbuch«: Osterlamm, Löwe, Greif, finden wir in ganz Europa, in Holland so gut wie in Polen, in den Alpenländern, Dänemark und England.

Neben den neu aufkommenden Vorlagen konnten die Herausgeber dieser Musterbücher auf einen Vorlagenschatz zurückgreifen, der auf andere Weise überliefert worden war. Die Vorläufer der Musterbücher waren die Mustertücher, die gegenseitig ausgetauscht und späteren Geschlechtern vererbt wurden, wie ihre Erwähnung in zahlreichen Hinterlassenschaftsinventaren bezeugt. Mit der wachsenden Zahl der gedruckten Vorlagen ging gegen Ende des 16. Jahrhunderts die Bedeutung dieser gestickten Mustersammlungen zurück – nun erweisen sie sich als Übungstücher für kleine Mädchen, die oft ihr Alter und den Namen ihrer Lehrerin darauf vermerkten. Auf diese Weise wurden einzelne Muster über viele Generationen weitergegeben und bewahrt, aber auch durch das häufige Nachsticken verändert, und so begegnen wir des öfteren Varianten ein und desselben Motivs. Diese geringfügig erscheinenden Nuancen haben zur Entwicklung der Ornamentik beigetragen und den Stil der einzelnen Landschaften geprägt.

Es ist bezeichnend, daß in den Musterbüchern neben den dramatischen italienischen Motiven die flächenhaften geometrischen Muster des Ostens erscheinen. Schon in der Spätantike waren sie aus dem Orient eingewandert, während der Kreuzzüge gelangten sie mit den vorderasiatischen Teppichen nach Mitteleuropa.

Es scheint, daß orientalische Teppiche schon früh Einzug gehalten haben in Burgen und Kaufmannshäuser. Im Inventar des Tiroler Dichters Oswald von Wolkenstein († 1445) finden sich neben kölnischen Kissen, schwäbischen Gürteln, türkischen Messern und Hüten auch »heidnische Teppiche«, die der Weitgereiste wohl von seinen

Zügen ins Heilige Land mitgebracht hat. Aber auch die alten Meister, besonders Holbein, haben orientalische Teppiche auf ihren Gemälden als Tischdecken dargestellt und als Kompositionsmittel benützt.

Die Ornamentik und Symbolik dieser Teppiche war der damaligen Zeit sicher verständlicher als uns Heutigen. Da war das uralte Zeichen des Hakenkreuzes oder der geflügelten Sonnenscheibe, das nicht nur bei den Indogermanen, sondern auch bei den Mongolen und Indianern bekannt war. Der Lebensbaum symbolisierte schon bei den Assyrern den Glauben der Orientalen, daß die Seelen der Toten von Bäumen zum Himmel fahren. Das weitverbreitete Wolkenmuster war das Zeichen der Unsterblichkeit – seltsamerweise stimmt ein Lambacher Ornament aus der Stauferzeit damit überein. Das Rankenornament war durch seine ständig fortlaufende Gestalt das Symbol der Dauerhaftigkeit, des sich ständig fortpflanzenden Lebens, wie der Granatapfel durch seine Vielzahl von Kernen das Sinnbild des Kinderreichtums. Tiermotive, die sich vorzugsweise auf persischen und kaukasischen Teppichen finden, Pfaue, Hähne, Adler, Hirsche, Hunde waren auch in der textilen Kunst des Westens beliebt. Als durch die Kunstförderung Alexanders des Großen die hellenistische Kunst – das Mäandermotiv und der laufende Hund – Eingang in Asien fand, erfuhr die altorientalische Ornamentik eine wesentliche Bereicherung. Auch die Arabeske ging aus der hellenistischen Akanthusranke hervor und hat seitdem in ihrem unerschöpflichen Wechsel alle anderen Ornamente überflügelt. Nun aber kehrten sie alle mit den Teppichen wieder zurück und traten ihren Siegeszug über Europa an, ebenso wie das aus Persien stammende Motiv der Blumenvase, das ein Liebling der Renaissance wurde und vom Volk zum »Maikrug« umbenannt wurde.

Aber die östlichen Stilmerkmale drangen noch durch ein anderes Tor nach Europa ein. Als die Türken 1526 den Sieg von Mohacs erkämpft hatten, wurden große Teile des Habsburgerreiches von ihnen besetzt. Freilich verödeten die Ländereien und wurde der Bauernstand dezimiert. Aber in der 150 Jahre währenden Besetzungszeit gelangte die hochentwickelte türkische Kultur in das eroberte Land, und ihre

Auswirkungen auf alle Zweige der Volkskunst sind deutlich nachweisbar. Die Vielzahl der Nelken – in Rußland Kornblumen genannt – die die Stickereien Siebenbürgens, Sloweniens und der Steiermark charakterisieren, die geometrischen Muster Rumäniens und Bulgariens sind sozusagen Direktimport aus dem Osten.

Im 16. Jahrhundert häufen sich denn auch in englischen Inventaren die Tischteppiche und Kissen in »türkischer Arbeit«. Der gesamte Leinenuntergrund war mit unendlicher Mühe vollständig bestickt, auf 2,5 qcm trafen rund 400 Stiche – in Mustern und Farben wurde das türkische Vorbild nachgeahmt.

Aber die Beziehungen zum Osten reichten noch weiter. Schon das römische Reich hatte Handel mit China getrieben. Als sich dieses Land in der Mitte des 14. Jahrhunderts für 150 Jahre von der westlichen Welt abschloß, geriet es in Vergessenheit. 1514 entdeckten es die Portugiesen aufs neue, mit chinesischem Zinn, Porzellan und Perlen kamen alle Arten von Geweben, besonders Seide, ins Abendland. 1631 zählten goldgestickte chinesische Stoffe zu den Einfuhrartikeln der ›East India Compagny‹, und unter Cromwells Schutz blühte auch der Handel mit Indien auf. Damit begann der große Einbruch indischer Muster. Der Einfluß der fernöstlichen Motive auf die europäische Stickerei kann gar nicht hoch genug eingeschätzt werden – chinesische und indische Muster waren im 17. und 18. Jahrhundert tonangebend. Möbelbezüge wurden mit großblättrigen Blumen auf gelbem Hintergrund – der kaiserlichen Farbe Chinas – bestickt. Die Chinoiserien der ersten Hälfte des 18. Jahrhunderts bezogen ihre Anregungen von chinesischen Tapeten und indischen Baumwolldrucken.

Aber noch nicht genug des östlichen Einflusses: Als 1492 Granada von einem christlichen Heer erobert wurde, ging die 800jährige Herrschaft der Araber über Spanien zu Ende. Viel länger aber blieben die maurischen Einflüsse in der Kunst in Geltung. Die lineare, einfarbige, meist schwarze Stickerei, die wir Holbeinstich nennen, weil sie auf vielen Holbeinbildern anzutreffen ist, war in Spanien beheimatet und verbreitete sich im 16. Jahrhundert über ganz Europa. Ihre geometrischen oder floralen Füllmuster verliehen diesen Arbeiten einen besonderen Reichtum. Mit kleinsten Stichen konnte man sogar gedruckte Buchillustrationen kopieren, und dieser Umstand mag dem bilderfreudigen Zeitalter besonders entgegengekommen sein.

Im 18. Jahrhundert gehörten Schäfer- oder Jagdszenen, Blumen und die Portraits berühmter Persönlichkeiten zu den Lieblingsthemen der Kreuzstichstickerei, die allerdings auch praktischen Zwecken zu dienen hatte als Bezug von Sitzmöbeln und Paravents. Prachtvolle Blumenmotive erschienen aber auch auf den Stickereien an Kleidern und Westen, Miedern und Unterröcken, in vielfarbiger Seide mit Flach- oder Kettenstich ausgeführt.

Gegen Ende des 18. Jahrhunderts verschwanden die üppigen Blumendessins zugunsten eines naturalistischen floralen Dekors. Er wurde in einer Technik ausgeführt, die wiederum aus China eingeführt war (um 1760): Die Arbeit wurde über eine Sticktrommel gespannt und hieß daher Tambourstickerei. Im 19. Jahrhundert ahmte man in England und Frankreich mit Durchzugsarbeit und Tüllstickerei kostbare Spitzen nach. Aber während der ganzen Zeit blieb auch die Kreuzstichtechnik in Gebrauch, teils in feinen chinesischen Mustern, teils nach geometrischen Vorlagen.

1804 brachte ein Berliner Verleger eine Mustersammlung für gestickte Bilder heraus, die mit Kreuzstich in farbiger Wolle gearbeitet wurden. Diese »Berliner Wollstickerei« hat im 19. Jahrhundert alle anderen Techniken verdrängt – eine Menge gestickter Bilder haben sich erhalten, und selbst im Hinterlassenschaftsinventar des Tölzer Weinwirts Mathiß wird 1798 »eine gestickte Tafel mit Spiegelrahmen, das Herz Jesu vorstellend« im Wert von 1 Gulden 12 Kreuzern und ein »pfalzbairisches gesticktes Wappen« erwähnt.

Der Inhalt der Bilder war dem Geschmack der Zeit entsprechend sentimental: Romantische Szenen, religiöse Themen, die Bildnisse des Landesherrn, verbunden mit Rokokoelementen. Wenn sie aber zu Beginn des Jahrhunderts noch in hellen Farben gehalten waren, fiel um die Mitte des Jahrhunderts jede Zurückhaltung. Mit grellfarbiger

Wolle wurde auf dunklen Hintergrund gestickt, und mit dem Erscheinen der harten Anilinfarben ging der letzte Rest eines künstlerischen Anspruchs dahin.

1828 erfand Josua Heilmann in Mühlhausen eine Stickmaschine, die 1865 von Isaac Groebli verbessert wurde. Nun konnte der Bedarf maschinell gedeckt werden – das Ende der Handstickerei schien gekommen. Aber gerade diese Mechanisierung und der damit verbundene Tiefstand der Stickerei hatte eine Gegenbewegung zur Folge. Die alten Musterbücher wurden wieder hervorgeholt und neu aufgelegt, in großen Sammelwerken bemühte man sich, die Tradition der bäuerlichen Stickerei zu retten.

Zu Beginn des 20. Jahrhunderts erlebte die Stickerei in manchen Gegenden einen besonderen Aufschwung, wie etwa in Oberösterreich oder in England, wo sich z. B. eine Vereinigung, die »Winchester Cathedral Broderers« daranmachte, die verlorenen Knie- und Sitzkissen und Behänge in der Kathedrale mit renaissancehaft anmutenden Mustern neu zu sticken.

Volkstümliche Stickerei

Wenn auch die großen Stilrichtungen die europäischen Länder fast gleichzeitig erreichten, so war der Zeitpunkt, an dem sie in den einzelnen Landschaften aufgenommen wurden, durchaus verschieden. Noch größer aber ist der Unterschied, wenn man die Zeitspannen vergleicht, während derer man an einer Stilart festgehalten hat. Gerade diese historische Abstufung der Stilabfolge ist mit ein Grund für die Vielfalt der Volkskunst.

Es scheint aber auch, daß die wirtschaftliche Lage des Bauernstandes Einfluß auf die Entwicklung der bäuerlichen Volkskunst hatte. Ellen Andersen weist für Dänemark nach, daß bis zur Mitte des 18. Jahrhunderts ausschließlich einfarbige, schlichte Gewebe aus Wolle und Leinen entstanden sind. Von 1750 an stieg der Wert der landwirtschaftlichen Produkte, die Grundherrschaft wurde abgeschafft und die Felder so verteilt, daß sie um das Bauernhaus zu liegen kamen. Der Landbau wurde modernisiert, wodurch der Grund zum Wohlstand gelegt wurde, der im 19. Jahrhundert die Bauernschaft zum wirtschaftlich stärksten Bevölkerungsteil Dänemarks machte. Nun wurde das Bettzeug bunt gewebt, die weißen Mullschürzen und -tücher der Braut mit Tambourstickerei ausgeschmückt, aus dem 18. Jahrhundert stammen die blauen Paradehandtücher und die bunten Stuhl- und Wagenkissen. Die Frauentracht (Hauben und Halstücher) wurde mit Seidenstickerei verziert, und zu den feinsten Erzeugnissen gehörten die gold- und silberbestickten Hauben aus Nordseeland und der Gegend von Hedebo. In Südwestjütland wurde geklöppelt, die meisten Spitzen stammen aus dem 18. und 19. Jahrhundert.

Mit dem Beginn der Industrialisierung der dänischen Landwirtschaft nach 1840 floß bares Geld reichlicher in die Dörfer, und die Bäuerinnen konnten fremde Ware kaufen, um ihre Arbeitskraft im Betrieb selbst einzusetzen. Die Folge war, daß die Handweberei auf dem Lande rasch an Boden verlor und bis zum Ende des 19. Jahrhunderts verschwunden war.

Zum Aufblühen der Volkskunst gehört also ein gewisses Maß an Wohlhabenheit, das der Bäuerin noch Zeit läßt, sich der Weberei und Stickerei zu widmen.

Für die Entwicklung der textilen Volkskunst ist aber auch die geographische Lage von Bedeutung. Gegenden mit großen Durchgangsstraßen erhielten früher Zutritt zu den Neuerungen als abgeschiedene Täler, in denen die Bevölkerung konservativer bleibt. Im Engadin hat sich eine besondere Vorliebe für Renaissancemuster länger erhalten als anderswo. Die Blickrichtung der Alpentäler lassen romanische oder deutsche Kultur eindringen, die Verschiedenheit der Religion bevorzugt freudige Farben (katholische Gegenden) oder das ernste Schwarz (protestantische Gegenden). Die seefahrenden Völker des Nordens waren einer größeren Anzahl von Einflüssen ausgesetzt als die Binnenländer. Schon während des Mittelalters betrieben die skandinavischen Bauern auf ihren kleinen Schiffen Tauschhandel mit Holland, Friesland und Norddeutschland. Später erhielten Adelige und Bürger das Privileg, mit Fremden Handel zu treiben. Die Bauern gingen mit Töpferwaren oder als Viehhändler über Land, die Seeleute kamen nach Holland, Frankreich, England und Spanien, und die Mädchen aus Westjütland arbeiteten einige Jahre in holländischen Städten als Dienstmädchen, bevor sie sich in ihrer Heimat verheirateten. So gelangten vielerlei Anregungen in die Dörfer, ganz abgesehen vom Vorbild der höheren Volksschichten.

Es wäre ein Irrtum anzunehmen, daß das Bauerntum einer dörflichen Gemeinschaft oder eines ganzen Landstriches der Träger einer künstlerischen Entwicklung wäre. Die hervorragenden Schöpfungen sind Werke von Einzelpersonen, von Handwerkern oder Spezialisten, deren Namen manchmal sogar überliefert sind.

Wir wissen, daß in den Ländern mit einer besonders reichen Stickereikunst, wie Ungarn und Graubünden, Vorzeichner gearbeitet haben, die an ihren Stileigenheiten leicht erkennbar sind. Die Bauern haben ihre Fähigkeiten geschätzt und anerkannt, auch im Bereich der Stickerei kannte man den Begriff des geistigen Eigentums. Noch heute läßt man in Graubünden ein altes Familienmuster nicht abzeichnen, sondern höchstens absticken – nur wer sich dieser Mühe unterzieht, macht sich des außerordentlichen Musters wert. In Ungarn erdachten die Stickerinnen der Matyó in jedem Jahr eine Änderung an den Burschenhemden, so daß man an diesen Neuerungen erkennen konnte, in welchem Jahr der Eigentümer es erhalten hatte. Diese Neuerungen waren freilich der Kontrolle des herkömmlichen Geschmacks unterworfen. Besonders an traditionsgebundenen Stücken, wie das in hohem Maße die Brauttracht war, blieb man in Farbe und Motivik beim Althergebrachten. Die textile Kunst neigte zu allen Zeiten und allerorts zum Konservativismus, und die Macht der Tradition wirkte sich über Jahrhunderte hinweg aus. Persönliche Nuancierungen blieben eingeordnet in den örtlichen und zeitlichen Zusammenhang. Die Verschiedenheit von Werkstoff und Farbe konnte das Urbild umgestalten, und das Kopieren einer Vorlage konnte zu einer Veränderung der Formgebung führen, während die Komposition selbst erhalten blieb. Der Künstler auf dem Lande schaffte weder aus sich heraus, noch in bewußter Abhängigkeit von der Stadtkunst, sondern innerhalb seiner Tradition. Neben der Stilkunst hat oftmals uraltes Volksgut die Vorlage abgegeben, das seinen Ursprung in vorgeschichtlichen Zeiten hat.

Das Material, das für die Stickereien verwendet wurde, stammte zumeist aus heimischer Produktion: Leinen und Wolle. In Ungarn wurde das Stickgarn aus der Wolle des dortigen langhaarigen Schafes hergestellt. Die Muster, die im 18. Jahrhundert und früher damit ausgeführt wurden, waren sehr vereinfacht und auf eine kleine Zahl von Motiven beschränkt, die sich für diese Technik eigneten. Man nannte die Polster mit dieser Stickerei »haarige Kissen«. Die schönen plastischen Wollstickereien Kärntens sind zwar nicht mit haariger Wolle, aber immerhin mit gefärbter Schafwolle ausgeführt, auch ihre Muster sind von auffallender geometrischer Einfachheit. Die Verwendung selbstgefärbter Wolle als Stickmaterial entspricht der bäuerlichen Armut, die sich die Anschaffung von teurem Leinen- oder Baumwollgarn nicht leisten konnte.

Auf besondere Weise haben die Palocenfrauen in Ungarn ihr Stickgarn gewonnen. Noch am Ende des vorigen Jahrhunderts sollen sie das Garn, das sie für die einfachen Stickereien an ihren Hemden benötigten, aus dem unteren Rand ihrer Blaudruckschürzen herausgezogen haben. Natürlich entsprechen solch einfache Praktiken nicht der hohen Stickereikultur früherer Jahrhunderte. In bäuerlichen Kreisen stickte man zwar nie mit Goldfäden – das blieb den adeligen Damen und Klöstern vorbehalten – aber im 18. Jahrhundert gehörte die Goldstickerei zur Bürgertracht. Die Gold- und Riegelhauben der Frauen, der Jungfernkranz der Mädchen, Tücher, Schuhe, in Ungarn auch Männerhemden, wurden mit Gold bestickt. Dabei schnitt man Motive aus kräftigem Papier aus und übernähte sie mit gedrehten Goldfäden.

Im Süden ist Seide als Stickmaterial beliebt, haben doch die Bauern in Ungarn und Rumänien, in Bulgarien und Jugoslawien, Griechenland und Kreta seit Jahrhunderten Seide gezogen. Von Nordafrika kam die Seidenzucht nach Spanien und Süditalien, die Provence war die Wiege der französischen Seidenkultur, und schon bald nach den Kreuzzügen, im 13. Jahrhundert, fast gleichzeitig mit Venedig und Genua, begann die Schweiz mit Seidenverarbeitung.

Wenn auch die reichgestickten Bettlaken, Handtücher, Kissenbezüge und Trachtenstücke keine Gegenstände des täglichen Gebrauchs waren, sondern vor allem dem festlichen Prunk dienten, so war es dennoch nicht zu vermeiden, daß sie gewaschen werden mußten. Der Waschvorgang bestand noch zu Beginn dieses Jahrhunderts auf dem Lande im Übergießen der eingeweichten Wäsche mit Aschenbrühe, einer scharfen Lauge, die dadurch gewonnen wurde, daß man Holzasche in Wasser stehen ließ und sie dann durch ein Tuch abseihte. Bei solchen Waschmitteln mußten die Farben der Stickgarne besonders widerstandsfähig sein, und man fragt sich, wie man sich dazumal wohl geholfen hat.

Man benützte zum Färben vor allem pflanzliche Färbestoffe. Aus Krapp oder Labkrautwurzeln stellte man Rot in den verschiedensten

Tönungen her, wobei das Alter der Wurzeln mitentscheidend war. In der Schweiz erhielt man Rot aus chromsaurem Kali und Rotholz, durch Sieden in Indigo und Urin ergab sich ein sattes, kräftiges Blau. Aus den getrockneten Blütennarben des Safran gewann man ein sattes Gelb. Wegen seiner Seltenheit wird er durch Weinblätter, Gelbwurz, Granatapfelschalen, Kreuzbeeren, Berberitzenwurzel mit Krapp ersetzt. Der Gallapfel, ein Schmarotzergewächs der Eiche, gibt Schwarz. Häufig ist aber Schwarz und Braun, besonders bei der ungarischen Wollstickerei naturfarbene Schafwolle. Außer den pflanzlichen Produkten wurde auch die Cochenillelaus, die von Kermeseichen oder Kakteen gesammelt, getrocknet und verarbeitet wurde, zur Färbung verwendet. Beim Färben von Seide kam es nicht nur auf die Blüten selbst an, sondern auch auf die Zeit und Art des Züchtens und Pflückens der Pflanzen, ihrer Aufbewahrung, Trocknung und Weiterbehandlung und auf das Variieren der Zusätze.

Die pflanzlichen Farbstoffe ergaben keine harten Töne und paßten so gut zusammen, daß die gewagtesten Farbzusammenstellungen möglich waren.

Das Garn konnte wohl auch in bäuerlichen Betrieben gefärbt werden, aber in den meisten Fällen blieb es der Kunst der Färbermeister überlassen, deren Rezepte noch da und dort erhalten sind. Aus dem Färbebuch des Johann Christian Richter aus Egloffstein von 1791 erfahren wir Genaueres um die Geheimnisse dieser Kunst:

Guthes Dunkelroth aus dem Krapp

Die baumwollene Garn wohl gereinigt, dann auf 1 Pfund Garn ¼ Pfund Gallus. Diese werden klein gebulvert und mit 3 Maß heißem Wasser angebrühet, und so lange daran gerührt, bis die Brühe meist kalt ist. Alsdann das Garn 24 Stunden lang darein gelegt, öfters umgewendet und wohl angedruckt; nach der Hand heraus genommen und ausgewaschen aufgehängt, und getrocknet. Dieses ist die Vorbereitung und der erste Grund dazu.

Ferner wird nun die eigentliche Farbbrühe gemacht wie folget:

8 Loth Alaun

4 Loth Potaschen

2 Loth Salpeter

1 Loth Kochsalz

½ Loth Salmiak.

Alaun, Kochsalz, Salpeter und Salmiak werden indes für sich besonders klein gestoßen und der Alaun mit 3 Maß Wasser, welches man darzu heiß macht, angebrühet und wohl verrührt, bis er darunter gerührt, und zuletzt auch, wenn die Brühe meist kalt ist, die Potaschen nach und nach darzu gethan. Wenn nun all dieses wohl untereinander gemengt und aufgelöst ist, so wird das gallierte Garn darinnen 12 Stunden lang kalt gebeizt, unter dieser Zeit öfters umgewendet und mit den Händen angetrückt, damit die Beize das Garn überall gleich gut durchdringt, alsdann herausgenommen und unausgesetzt im Schatten langsam abgetrocknet.

Unter dieser Zeit nimmt man die Beizbrühe, macht sie frischerdingen heiß und läßt noch 4 Loth gestoßenen Alaun darin zergehen, worauf das Garn, wenn es trocken ist, noch einmal 12 Stunden lang in dieselbe gelegt wird. Wann es dieses zweitemal aus der Beize wieder herausgenommen wird, wäscht man es in fließendem Wasser rein aus und lässet es wiederum im Schatten langsam abtrocknen.

Zur Farbe selbst wenn sie stark genug und lebhaft werden solle, nimm 1 Pfund von feinstem Krapp.

Dieser wird ordinäre nur mit kaltem Wasser eingeweigt. Dann wie das Krapprothe ausgefärbt, dabei ist zu merken, daß nur laulich eingegangen wird und so lange hantiert, bis es am Sott stehet (Siedepunkt), aber nicht sieden lassen. Nach Verlauf einer Stunde wird das Garn aus dem Kessel getan. Weil aber die Farbe des Krapps etwas dunkel und braunrot aus dem Kessel kombt, und die Farbe noch nicht hat, die man an dem Türkischen Garn siehet, so muß es zuvor in einem starken Seifenwasser eine Viertel Stund lang, aber wohl zugedeckt, daß der Dampf dabei bleibt, ausgekocht werden, wovon man es schnell aus dem Kessel nimmt und dann an einem lüftigen Ort abtrocknet. Dieser Art bekommt erst das Garn seine große Schönheit und Lebhaftigkeit, daß es dem Türkischen Rothen ganz ähnlich siehet und auch gewiß sehr viele Dauerhaftigkeit beweisen wird.

Mit Staunen verfolgen wir die vielen Arbeitsgänge, die der brave Färbermeister auf sich nimmt, um die »große Schönheit und Lebhaftigkeit« des echten Türkisch-Rot zu erreichen, und wir verspüren eine Ahnung von dem großartigen und unheimlichen Zauber, den die Farbe auf die Menschheit ausgeübt hat.

Die Stickereien im Volksleben

Es fällt uns Heutigen schwer, die Bedeutung zu ermessen, die einstmals den feierlichen Begebenheiten des Lebens zukam. Was auch immer diese Feste auszeichnen konnte, wurde in ihren Dienst gestellt: Lied und Tanz, Schmuck und Stickerei. Bis in die jüngste Vergangenheit wurde das Bett der Wöchnerin in Ungarn mit gestickten Bettlaken verhängt, um sie vor Behexung zu schützen und auch heute noch werden die Taufkleider und -decken mit heilbringenden religiösen Symbolen geschmückt.

Unvergleichlich wichtiger als die Taufe war die Hochzeit – ihr galt in jahrelanger Vorbereitung das Bemühen der jungen Mädchen, die um die Wette webten, nähten und stickten. Es war ja noch bis vor kurzem üblich, daß der Brautwagen durchs Dorf gefahren wurde, daß jeder Wäsche und Aussteuer besichtigen konnte und daß die gefürchtete öffentliche Meinung darüber ihr Urteil sprach. Da galt es denn die Brautkissen und Bettlaken reich zu besticken mit glück- und segenbringenden Motiven, und nicht selten wurde der Reichtum der Braut an der Höhe der aufgetürmten Kissen gemessen.

Das Bräutigamshemd, das häufig noch in den Hinterlassenschaftsinventaren genannt wird, mußte aufs schönste verziert sein, ebenso wie die Facinetln, gestickte Tüchlein, die man bei der feierlichen Handlung mitführte. In der Gegend von Pest verteilte die Braut gestickte Gedenktücher, deren Muster verschieden waren, je nachdem sie für Schwiegervater, Schwiegermutter oder Beiständer bestimmt waren. Das Tuch des Brautführers mußte mit einem Taubenpaar bestickt sein.

Die prächtigen Tischtücher, die wir in den Museen bewundern, waren sicherlich für solche feierlichen Gelegenheiten bestimmt. Aus gotischen Tafelbildern wissen wir, daß auf dem Stollentisch einer Bürgerstube ein Tischtuch mit zwei längslaufenden Stickereiborten lag (Meister der Oswaldlegende, 1450–1480). Im Salzburgischen waren die Heiliggeistdecken mit kreisrunder Stickerei in der Mitte verziert –

ähnlich wie die ungarischen Tücher, in denen Schüsseln mit Backwerk zu einer Wöchnerin getragen wurden. Die Transdanubier breiteten das Weihnachtstischtuch nur ein einziges Mal im Jahr auf den Tisch. Die Brotkrumen, die man davon auflas, galten als Zaubermittel.

Die reichgestickte Decke war der Stolz der Bäuerin, sei es, daß man damit den Hochzeitskuchen bedeckte (Ungarn), sie zum »z'Nüni« über den Korb legte und draußen auf die Wiese breitete (Schweiz), oder als »Almfahrtel« auf dem Kopf trug (Salzkammergut). In den ärmeren Gegenden Oberungarns mußte die einzige Tischdecke vielerlei Zwecken dienen. Bei Regen wurde sie über den Kopf geworfen – auch in Süddeutschland gab es dieses Regentuch –, wenn der Pastor zur Totenfeier ins Haus kam, wurde der Tisch damit bedeckt, und schließlich wurde es entzweigerissen, und die beiden Hälften dienten für Mann und Frau als Leichentuch.

Bei vermögenden Leuten waren natürlich auch die Totenkissen und Bahrtücher bestickt, in protestantischen Gegenden mit Bibelsprüchen und dem Totenvogel. Da bei der Aufbahrung beide Kissenenden sichtbar waren, wurden sie im Gegensatz zum sonstigen Brauch auf beiden Seiten bestickt.

In Ungarn herrschten genaue Vorschriften über die Farbe der Bahrtuchstickerei. Als Neuvermählte webte und stickte sich die junge Frau rotverzierte Totenkissen und Bahrtücher. Wenn sie sich dem 40. Lebensjahr näherte, wurde ein neuer Trauerstaat vorbereitet, der ihrem Alter angemessen war: weiß und gelb mit reichem Blumenschmuck. Aber nicht genug damit, die verwitweten Frauen bekundeten durch ganz einfache, gestreifte Totenwäsche, daß sie ihre Angehörigen noch im Grabe betrauerten.

Diese Wandlung des Bettzeuges galt nicht nur für den Todesfall. Die junge Frau benützte die buntgewebten und schöngestickten roten Kissen, die sie als Braut ins Haus gebracht hatte. Mit zunehmendem Alter aber wurde diese Farbenfreude als unpassend empfunden. Das Bettzeug bekam blau und schwarz gestickte Überzüge. Die bunten Stücke erhielt die heiratsfähige Tochter oder wanderten in die Truhen.

Die alten Überhandtücher und Mustertücher, die mit Stickerei oft überreich verziert waren, empfindet der heutige Betrachter als Bild. Nicht selten werden solche Stücke gerahmt und als Wandschmuck verwendet. Die zierliche Stickweise, die zarten Farben, die schöne Raumverteilung, die Eleganz der Motive bestechen uns. Den Alten war die Beherrschung der Form und der Technik meist selbstverständlich. Ihnen war der geistige Gehalt wichtiger. Unter den Schutz religiöser Zeichen stellte man Tauftücher und Osterkorbdecken, die Wappentiere des Landes – Löwe, Adler und Panther – schmückten die Behänge, und ganze Bildgeschichten, vor allem Szenen aus der Bibel bildeten den Inhalt großflächiger Stickereien. Nicht der Schmuckwille oder die Schönheit der Form war entscheidend für die Wahl des Motivs, sondern die Macht des Glaubens, dem alles ein Zeichen war.

Auch die Trachten bargen einen vielfältigen Reichtum an Stickereien in sich. Kopftücher und Gürtel, Hemden und Ärmelbündchen, Kittel und Schürzen waren damit verziert. Eine Hausmalerei in Ötz im Ötztal aus dem 17. Jahrhundert zeigt eine Bäuerin mit gesticktem Schürzensaum. Die Achselstücke des Fuhrmannskittels, der sich als Rieser Kittel bis heute in Gebrauch erhalten hat, die Hemden der Slowenen und die Tracht der Kroaten, die Blusen der Polen und Russen, sie alle waren in althergebrachter Weise mit Stickerei verziert. Im 18. Jahrhundert wiesen sogar die Strümpfe gestickte Zwickel auf oder waren mit Sternmustern oder dem Namen der Besitzerin bestickt.

Die Blütezeit einer Volkskunst erstreckte sich auf mehrere Zweige zugleich. Die Tracht und die reichgestickte Bettwäsche, die buntbemalten Bauernmöbel, Tongeschirre und Hinterglasbilder ergänzten sich gegenseitig und brachten den Geschmack ihrer Zeit und ihrer Gegend zum Ausdruck.

Sticken ist nicht schwer

Nicht zu Unrecht war die Zunft der Seidensticker dem Schutz des hl. Lukas unterstellt, dem Patron der Maler. Denn Sticken hat mit dem Malen etwas gemeinsam. Was auf der Vorlage ein schwarz-weißes nichtssagendes Muster ist, wird beim Sticken lebendig. Blume formt sich neben Blume, Blatt neben Blatt, es ist eine kleine Erschaffensfreude dabei, wenn eine Einzelheit nach der anderen ans Licht tritt. Freilich muß dabei manches beachtet werden.

Außerordentlich wichtig ist die Wahl des Stoffes. Als Material eignet sich Leinen, Halbleinen, Siebleinen, Aidastoff, Flockenbast (kann nicht gekocht werden). Die Fäden sollen leicht zählbar sein, das erleichtert die Arbeit wesentlich. Sie sollten auch nicht zu dick sein, damit das einzelne Kreuzchen ja nicht zu groß ausfällt. Das würde die Stickerei plump erscheinen lassen. Im Vertrauen gesagt, man kann auch auf ganz unregelmäßigem Bauernleinen sticken, wie Sie auf der Umschlagseite sehen. Aber es ist natürlich mühsamer und erfordert geschicktes Ausgleichen, wenn zufällig mehrere ganz dicke oder ganz dünne Fäden aufeinanderfolgen. Aber bei etwas Übung fällt das nicht schwer. Für gewisse Muster ist das derbe Leinen mit seiner urtümlichen Struktur das einzig passende Material. Wenn das Leinen so fein gewebt ist, daß man die Fäden nicht zählen kann, ohne den Augen ernstlich zu schaden, dann sollten Sie allen Ehrgeiz beiseite lassen und Stramin benützen. Das ist beim Kissen S. 52 der Fall gewesen. Es ist wichtig, daß der Stramin genau fadengerade auf die Unterlage geheftet wird. Dazu nähen Sie in Vorderstichen einem Faden folgend mit bunter Nähseide eine Hilfslinie auf Ihren Stoff. Dann stecken Sie den Stramin mit Stecknadeln, genau dem eingezogenen Faden folgend, fest, und zuletzt heften Sie ihn mit kleinen Stichen auf. Wenn es sich um ein größeres Stück Stramin handelt, kann man es in kleineren Abständen noch einmal festheften, damit er im Lauf der Arbeit nicht verrutschen kann. Auf diese Weise erreichen Sie, daß die Stickerei genau fadengerade auf der Unterlage sitzt, und das ist eine der wichtigsten Voraussetzungen zum schönen Gelingen der Arbeit.

Nach der Dicke des Gewebefadens richtet sich auch die Stärke des Stickgarns. Man wähle es nicht zu dünn. Der Kreuzstich soll den darunter liegenden Stoff bedecken. Dann wird die Stickerei so plastisch, wie wir es auf den alten Vorlagen bewundern. Es ist ratsam, eine Stickprobe auf dem Stoff auszuführen. Dann sehen Sie sofort, ob sich das Garn dafür eignet. Benutzen Sie eine stumpfe Sticknadel!

Anordnung

Wir verweilen mit Bewunderung vor den alten Stickereien und bestaunen die Schönheit der Muster ebenso wie die Exaktheit der Ausführung. Noch mehr aber sollten wir die Anordnung der Muster bewundern, die Art, wie sie in die Fläche gesetzt sind, wie sie ineinander übergreifen, ohne sich zu beeinträchtigen, wie bestickte und leere Flächen harmonisch aufeinander abgestimmt sind. Wie schwierig diese Raumeinteilung ist, kommt einem erst beim eigenen Versuch zum Bewußtsein.

Als erstes müssen wir uns darüber klar werden, wie groß das Muster wird, wenn es gestickt ist. Das richtet sich nach dem Stoff, den Sie benützen. Zählen Sie zuerst auf Ihrer Vorlage die Höhe des Musters. Es ergeben sich dabei z. B. 45 Kreuzchen. Dann sticken Sie auf Ihrem Stoff eine kleine Probe von 10 Kreuzchen. Diese messen Sie ab. Es ergibt sich z. B. folgendes Verhältnis: 10 Kreuzchen ergeben 8 cm. Nun rechnen Sie weiter: Wenn 10 Kreuzchen 8 cm ergeben, dann gibt 1 Kreuzchen den 10. Teil und 45 Kreuzchen 45mal so viel. $(8 \times 45) : 10 = 36$ cm.

Ebenso errechnen Sie die Breite des Musters. Nun fertigen Sie aus kräftigem Papier eine Schablone, die Ihnen genau die Höhe und Breite

Ihres Musters in gesticktem Zustand zeigt. Wenn Sie mehrere Muster arbeiten wollen, müssen Sie von jedem eine solche Schablone anfertigen und können nun mit den Schablonen ausprobieren, wie die Muster am besten verteilt werden. Stecken Sie dann die Schablone fest und umranden den Umriß mit farbiger Seide (Vorderstiche), damit Sie die Papiervorlagen wieder abnehmen können, die Sie beim Sticken stören würden.

Manchmal will man ein Muster gegengleich in einem bestimmten Abstand rechts und links von der Mitte anbringen. Dann kommt es darauf an, daß es genau in der gleichen Höhe angeordnet wird. Auch hier helfen Sie sich mit einer bunten Hilfslinie aus Vorderstichen. Nur so haben Sie die Gewähr, daß die Höhe ganz genau stimmt. Heften Sie auch die Mittelachse mit buntem Faden und zählen Sie die Fäden nach rechts und links bis zu Ihrem beabsichtigten Muster. Scheuen Sie diese kleine Mühe nicht, die Ihrer Stickerei die nötige Genauigkeit verleiht. Beginnen Sie an der unteren Mitte eines Musters. Wenn Sie die Papierschablone in der Mitte knicken, wissen Sie sofort, wo Ihr Anfangspunkt ist.

Die ersten Reihen, die Sie nach oben arbeiten, müssen natürlich abgezählt werden. Wenn Sie aber einen gewissen Anfang haben, brauchen Sie nicht mehr jede Reihe zu zählen. Sie schauen auf der Vorlage nur auf die obere und untere Endung und merken sich z. B. oben eins herunter, unten 3 hinauf. Wenn die Reihe unterbrochen ist, müssen Sie freilich zählen und merken sich dann den Rhythmus z. B. 2–3–3, so daß Sie während der Reihe nicht mehr nachzusehen brauchen. Natürlich ist es ratsam, gelegentlich wieder einmal nachzuzählen, ob alles stimmt, denn ein Kreuzstichmuster kann man in den seltensten Fällen »stimmen lassen«. Es hat seine eigene Gesetzlichkeit, der man sich unterordnen muß. Es gehört aber gerade zu den stillen Genüssen beim Sticken zu verfolgen, wie der alte Musterzeichner sein Motiv aufgebaut hat, ob er den Zweier- oder Dreierrhythmus bevorzugte, auf welche Weise er den Übergang von einem zum anderen bewerkstelligte, wie sich manche Muster streng an ein einmal gewähltes Schema anschließen, andere wieder frei dahinphantasiert sind. Beim Sticken vollzieht man die Gedankengänge der Alten nach, und auch das gehört zum Reiz dieser Arbeit.

Osterlamm von einem sehr frühen Handtuch im
Tiroler Volkskunstmuseum

33

Slowenisch (Privatbesitz). Schwarze Seide auf feinem
Leinen, Stickmuster Seite 99

34

Mazedonien (Privatbesitz), Stickmuster Seite 105

35

Renaissance-Muster aus Graubünden
Stickmuster Seite 79

Nach einem alten Musterbuch (Sibmacher 1597)
Stickmuster Seite 79

Siebenbürgen. Stickerei auf Aidastoff.
Stickmuster Seite 111

38

Bukowina. Stickmuster Seite 105

Galizien. Stickmuster Seite 107

Karelien, 19. Jh. Nationalmuseum Helsingfors. Stickmuster Seite 137

41

Dänisches Musterbuch. Folkelige Broderier, Roskilde

Typisches Musterbuch eines kleinen Mädchens, spätes
18. Jahrhundert. Victoria and Albert Museum, London

Siebenbürgen. Wandbehang. Stickmuster Seite 109

Peleponnes. Stickereien einer Klosterfrau aus Mistra.
Stickmuster Seite 103

45

Ungarn. Kissenstickerei. Stickmuster Seite 117

Tschechoslowakei. Adam und Eva. Frühes 19. Jahrhundert.
Stickmuster Seite 129

Lebensbaum mit Tieren. Germanisches Nationalmuseum
Nürnberg, bez. 1808. Stickmuster Seite 71

48

Ukraine (Privatbesitz). Stickmuster Seite 127

Oberösterreich. Panther und Stern.
Stickmuster Seite 61

Tirol. Wandbehang mit Motiven aus dem Volkskunstmuseum
Innsbruck, ebenso in Ungarn. Stickmuster Seite 119

Hans Sibmacher, Schön newes Modelbuch, Nürnberg 1597.
Stickmuster Seite 83

Die europäischen Stickereien sind nicht nur ein Spiegelbild des Charakters und der Vielschichtigkeit der einzelnen Völker, sie decken auch die geistigen Kräfte auf, die dieses Europa jahrhundertelang beherrscht und erschüttert haben.

Die Geschichte der Stickerei beginnt nicht im Europa Karls des Großen, um diese Zeit konnte man in Byzanz auf eine alte, hochentwickelte Stickereitradition zurückblicken. Die großen Anregungen gingen vom Osten aus und wurden im Westen aufgenommen und weitergeführt.

Im ersten Jahrtausend nach Christus waren die Reste der antiken Kultur im byzantinischen Kaiserreich noch lebendig. Aber durch die dauernde Berührung mit dem asiatischen Kontinent hat dieses Reich wesensfremde Züge in sich aufgenommen. So entstand am Rande des europäischen Kulturkreises ein Menschentypus von unerschöpflicher Vielseitigkeit und Spannungsstärke. In seiner Stickerei mischte sich antikes und persisches Formengut mit frühchristlichen Sakralzeichen, die sowohl dem Glauben als dem Aberglauben dienstbar waren. In dem Maße, wie Osteuropa die byzantinische Kultur annahm, hat sich auch seine Kunst verbreitet und in ihrem Gefolge die Stickerei, die bis heute an den alten Motiven festhält, an Mäander und Pfau, an Lebensbaum und Kreuz.

Inzwischen hatte aber auch der geistige Aufschwung des Westens begonnen – in ungeahnter Vollendung steht die englische Stickerei des 11. Jahrhunderts vor uns – aber sie war keine Volkskunst, sondern ein kirchlicher und höfischer Kunstzweig von hohem materiellem Wert, dem Volk ein unerreichbares Sinnbild königlicher Pracht oder kirchlicher Würde.

Erst als man sich in der Renaissance auf die alten Vorbilder besann, als antike und vorderasiatische Motive wieder Geltung erhielten, änderte sich das. Die Stickerei nahm nun einen Aufschwung, der sich nicht auf die oberen Stände beschränkte. Sicherlich hat das Zusammentreffen der neuen Kunstform mit dem Aufkommen der Buchdruckerkunst eine wichtige Rolle gespielt, denn nie konnte bisher ein neuer Gedanke so rasch über so weite Strecken hinweg in allen Volksschichten verbreitet werden. Aber er mußte nicht nur verbreitet, sondern auch aufgenommen werden, und es ist erstaunlich, in welch kurzer Zeit und in welchem Umfang das geschah.

Aber während in West- und Mitteleuropa alle Volksschichten nach den neuen Renaissancemustern griffen – die Graubündner und Tiroler Stickerei ist ein Beweis dafür – hat sich im Osten und Norden nur die Oberschicht dieser neuen Kunstrichtung zugewandt, das Volk blieb seinen alten Mustern treu. Es entstand eine doppelte Schichtung: Eine volkstümliche Kunst, die auf dem alten Formen- und Farbensinn aufbaute, und eine oberschichtliche Stickerei, die sich meist auf Musterbücher stützte und sie geringfügig abwandelte. So erklärt sich die weite Verbreitung dieses wahrhaft europäischen Musterschatzes, der überall anzutreffen ist – je weiter wir nach Westen kommen, um so häufiger.

Noch in einer anderen Hinsicht zeigt sich eine doppelte Schichtung. Das Abendland neigt zu einer subjektiven Auffassung und zu einer dynamischen, bewegten Formgestaltung. Die östlichen und südlichen Länder hielten am antiken Erbe fest und zeigten eine beharrende Tendenz, die sich in den geometrischen Mustern Südosteuropas bis heute gehalten hat.

So bewahrt die Stickerei uraltes Gedankengut, ehrwürdige Zeichen, die Sinnbilder ganzer Epochen in der unscheinbaren Form weiblicher Handarbeit.

Die alten Motive waren immer sinnerfüllt. Sie hatten vor allem religiöse Bedeutsamkeit oder folgten dem Brauchtum. Neben pflanzlichen waren es besonders tierische Formen (Doppeladler, Löwe, Panther, Hirsch), die über große Strecken hin Verbreitung fanden.
Die auffallende Ähnlichkeit eines Tiroler Stickmusters im Volkskunstmuseum Innsbruck (unten) mit einem ungarischen (S. 117) läßt sich möglicherweise auf ganz einfache Art erklären. Die Passeier, nach August Lewald ein roher, nicht eben arbeitsamer Menschenschlag, der ehedem die meiste Lust und das meiste Geschick für die Handelschaft zeigte, zogen im Frühjahr bis tief nach Ungarn, um dort zahllose Herden von Böcken und Schafen zu kaufen, die sie dann durchs Pustertal in die Heimat trieben. Den Sommer über weideten die genügsamen Tiere die Almen ab und wurden im Herbst nach Meran getrieben, um dort geschlachtet zu werden. Bei solch regelmäßigen Handelsbeziehungen zwischen Tirol und Ungarn nimmt es nicht wunder, wenn auch einmal ein Stickmuster mitgewandert ist.

Eine wichtige Rolle im bäuerlichen Leben spielten die Weihedecken, die über Osterkörbe gebreitet oder als Taufdecken verwendet wurden. Das Innsbrucker Volkskunstmuseum bewahrt eine Decke mit dem Marienmonogramm, das aus vier gleichen rotbestickten Quadraten besteht, die mit einer 5–6 cm breiten Spitze verbunden sind. Der Rand ist am Original mit Fransen verziert, kann aber auch mit Spitzen besetzt werden.

Die duftige Borte darunter schmückt die Längsseiten eines Kopfkissens, und kann auch zweifarbig ausgeführt werden.

ÖSTERREICH

Die Singvogelhaltung war früher weitverbreitet – der Jahresgewinn der Imster Vogelhändler betrug um 1700 bis zu 30–40 000 Gulden. Paarige Vögel sind deshalb ein beliebtes Motiv, besonders für Hochzeitsmöbel, -geschirr und -textilien. Auch andere tierische Grundformen gehen vom Brauch aus – der überschlanke steirische Panther (rechts unten) ist ein Relikt mittelalterlichen Wappenbrauchtums.

Ein Laken im Schloßmuseum Linz zeigt eine gekrönte Frauengestalt mit Zweigen in den Händen, umgeben von Vögeln – die »große Göttin« (links unten). Prof. Lipp wies im Zusammenhang mit diesem eigenartigen Namen auf einen russischen Frühlingsbrauch hin: Eine freistehende Birke auf einer Waldlichtung wurde als Personifikation der »Großen Göttin« ausgewählt. Man bekleidete sie mit Frauengewändern und hängte in ihren Zweigen ein rotbesticktes Tuch auf, das das Bild der Großen Göttin zeigte (S. 137, Karelien).

Österreich

Auf vielen mittelalterlichen Darstellungen kann man beobachten, daß ein weißes Leintuch über die Bettdecke geschlagen wird. An einem Schmalende, dem Überschlag, wurde Stickerei angebracht, die in abgezählten Kreuzstichen die alten Motive Nelke, Granatapfel in einer Blumenvase nebeneinander stellt. In Tirol setzte man die quadratischen, oft recht großen Einzelmotive sehr dicht aneinander. Manchmal werden auch Eckbäumchen auf diese Weise angeordnet und ergeben eine etwas weniger dicht geschlossene, breite Borte (Museum Pfarrwerfen).

Ein anderes Problem ergab sich bei der Verzierung der langen Säume an Bettlaken, Altartüchern, Kredenzdecken, die große Flächen zu bewältigen hatten. Diese Aufgabe wurde gelöst, indem einzelne Motive in loser Folge in mäßig großen Abständen hintereinandergereiht wurden, was diesen Arbeiten das Fluidum des Unabsichtlichen und Naiven verleiht.

Dißes Leisten Buech
hab Ich Leonhardt Saltzlechner
Bürger und Leinweber
Zu Kirchpichl gemacht
Im Jahre Anno 1710
Gott und Unnßer Liebe
Frau Verleihen mir hiezue
die Göttliche genad,
Frühe unnd Spath.

WEB- UND STICKMUSTER TIROLS

Die Verwandtschaft von Kreuzstichstickerei und Weberei beruht auf
dem System der Fadenzählung, in beiden Fällen folgt das Muster
geometrischen Gesetzen. Aus dem Oberinntal sind handschriftliche
Weberbücher schon aus den Jahren 1658 und 1701 erhalten. Ein
Kirchbichler Weber zeichnete die nebenstehenden Muster, die auch
gestickt werden können.

DEUTSCHLAND

Die Herzform hat seit dem Mittelalter religiöse Bedeutung und wurde in ganz Europa auf Möbeln und Stickereien als Sinnbild der Liebe und Ehe angebracht. Wenn sie dann auch noch das Zeichen IHS trug, verband sich der alte Liebeszauber mit dem christlichen Heilssymbol und wurde doppelt wirksam. Es erscheint auch in den Musterbüchern des Paulus Fürst, der nach dem Dreißigjährigen Krieg die Produktion dieser vielbegehrten Modelbücher in Nürnberg wieder aufnahm.

DEUTSCHLAND

Die dargestellten Muster sind zwar alle deutscher Herkunft, haben aber ganz verschiedene Voraussetzungen.

Der Baum mit den Vögeln ist von feldblumenhafter Schlichtheit, ganz nach dem Herzen des Volkes, aus dem er auch erwachsen ist.

Daneben stehen Borten, in denen der Kreuzstich durch den Holbeinstich ergänzt wird. Wir finden sie an Hemd- und Schleiersäumen auf den Gemälden alter Meister. Sie erinnern an die spanische Stickereien, die vielleicht unter Karl V. (1519–1556), der sowohl über habsburgische als auch spanische Lande herrschte, ihren Weg nach Deutschland gefunden haben, und in denen eine Erinnerung an maurische Kunst schlummert.

Schließlich ist da Josue und Kaleb mit den Trauben von einem Stickmustertuch aus Finkenwärder, dat. 1845. Diese Themen aus dem Alten Testament wurden durch die hugenottischen Webmeister, die 1685 Frankreich verließen, in Deutschland verbreitet, wo sie sich in gröberer Webart dem volkstümlichen Geschmack anpaßten. Auch in der Stickerei ist das spürbar.

Ein Lebensbaum mit Tieren – das ist der erste Eindruck von diesem Muster, das sich auf einem Überhandtuch im Germanischen National-museum in Nürnberg befindet. Bei näherer Betrachtung stellen wir aber eine eigenartige Verschiedenheit fest. Während der Hirsch kom-pakt und schwer im Bild steht, sein Gehörn ist mit feinen Stilstichen gestickt, sind die anderen Tiere differenzierter, aber auch altertümli-cher. Wir finden Hund, Vogel und Eichhörnchen. Diese Zusammen-stellung erweckt die Erinnerung an den germanischen Lebensbaum Ygdrasil: Der Hirsch äst den Wipfel, die Wurzeln nagt Nidhögg, das Eichkätzchen.

Da diese Zusammenstellung in Stickmusterbüchern Ostfrieslands und der Vierlande bei Hamburg, aber auch in Graubünden vorkommt, möchte man an eine Anlehnung an diesen fernen Mythos glauben.

Wer mit kräftigem Garn stickt, kann die feinen Stilstiche nicht aus-führen, als Ersatz diene der nebenstehende Hirsch (rechts).

Die sorbischen Stickereien der Ober- und Niederlausitz zeichnen sich durch Farbenfreudigkeit und reiche, eigenwillige Auszier aus. Die kleinen Formen werden dort intensiv kultiviert, die einfachen Muster zu spitzenähnlichen Gebilden vereinigt. Diese Kreuzstichstickereien werden oft ohne Vorlage gearbeitet. Die einzelnen Motive gehörten zum lebendigen Allgemeinbesitz. Aus diesen Bausteinen gestalteten die Stickerinnen immer wieder neue Kompositionen von großer Vollendung. Die Farben waren rot oder schwarz.

DEUTSCHLAND

Je älter ein Zweig der Volkskunst, um so weiter ist er verbreitet. Dies gilt vor allem für Sternmuster und gezahnte Muster, die im Mittelalter auf Webereien und Stickerein überaus häufig Verwendung fanden. Die Kontinuität dieses Formenschatzes ist ein Beweis für die konservative Einstellung einer Volksgruppe. Trotz der Einfachheit ihres Aufbaus können diese Muster im Wechsel der Farbe außerordentlich reizvoll sein, wie die Stickereien an Brusttüchern und Hochzeitsbitterschärpen der sorbischen Tracht beweisen.

SCHWEIZ

In Graubünden haben sich Motive aller Stilepochen vereinigt. In unzähligen Varianten finden wir die Renaissanceranke, die, wie ein Kontrabaß dahinschreitend, von floralen Motiven umspielt wird, hier finden wir noch uralte geometrische Muster (Engadin), aber auch das Rokoko feiert seine Triumphe mit seiner liebevollen Kleinteiligkeit, mit der Sicherheit, wie Einzelmotive in den Raum gestellt werden und zueinander in Beziehung treten – nur wer es selbst versucht hat, kann die ganze Könnerschaft ermessen – und hier vermochte man sich von der abstrakten Zweidimensionalität früherer Epochen zu lösen, um unter Hintanstellung des geometrischen Aufbaus zu einer völlig freien Behandlung des Themas fortzuschreiten.

Das schöne Blumenmuster erhielt ich von einer Bäuerin in Trins Digg.

Schweiz

Die Gebirgsrepublik der Grauen Bünde, das heutige Graubünden, war eine Sammelstelle wichtiger Alpenübergänge, durch das Veltlin führte der gelegentlich heißumstrittene Zugang von den österreichisch-habsburgischen Ländern zum spanischen Hoheitsgebiet. Das Kloster Mustair vermittelte tiroler Einflüsse. Romanische und deutsche Kultur konnten sich in ungestörter Entwicklung durchdringen, aufgenommen von der künstlerischen Begabung des Bündners und seiner jahrhundertealten Sticktradition.

Die geographische Lage mag einer der Hauptgründe für das rasche Eindringen der Renaissancemuster sein. Daneben hielt der Bündner aber treulich an älteren Formen fest, und so entstand ein ungeahnter Reichtum an Kreuzstichstickerei, der im Rhätischen Museum in Chur gesammelt wurde.

Die untere Borte stammt aus Sibmachers Musterbuch.

HOLLAND

Die holländische volkstümliche Stickerei empfing starke Anregungen durch das Biedermeier mit seinen Blumenvasen, Sträußen und Kränzchen. Die Verwandtschaft mit der norddeutschen Stickerei fällt dabei besonders auf. Aber die holländischen Arbeiten erhalten ihren besonderen Reiz durch ihre reiche Farbigkeit – gelb, englischrot, hell- und dunkelblau, braun und grün geben den stilisierten, vielfach durchbrochenen Mustern, die so spielerisch auf dem weißen Grund stehen, etwas außerordentlich Reizvolles. Es ist wie ein Nachklang der alten Renaissancekunst, umgewandelt in die zarten, leichten Ornamente einer Spätzeit. Wie in allen Küstengebieten findet man auf den Mustertüchern auch volkstümliche Motive wie Schiffe, Häuser, Matrosen in sehr vereinfachter Form.

Das nebenstehende Muster ist von einem Stickmustertuch 1750 im Freilichtmuseum Arnheim.

GROSSBRITANNIEN

Die Angst vor dem Vakuum war eine der geheimen Triebkräfte der westeuropäischen Kunst. Auch auf den Renaissancestickereien ist sie spürbar, und die Muster in Sibmachers ›Newem Modelbuch‹ sind diesem Gesetz in besonderem Maße unterworfen. Vielleicht ist das der Grund für ihre weite Verbreitung. Sicherlich haben die Stickerinnen besonderes Gefallen an den figürlichen Darstellungen gefunden, an den heidnischen Göttern, Hirschen und Schwänen, die nicht nur in Deutschland, sondern besonders auch in England wieder und wieder nachgestickt wurden. Dort war 1640 Sibmachers Mustersammlung unter dem Titel ›The Needles Excellency‹ bereits in der 12. Auflage erschienen. Vielleicht war es der besondere Reiz dieser Stickereien, daß sie Träume und Visionen in die Sprache des Ornaments übersetzten.

GROSSBRITANNIEN

In Hardwick Hall in Schottland befindet sich das Fragment einer Stickerei, das aus der Zeit Maria Stuarts stammt, die hier jahrelang gefangen gehalten wurde. Zusammen mit der Gattin ihres Bewachers, Bess of Hardwick, suchte die Vereinsamte in der Stickerei Ablenkung. Viele ihrer Arbeiten werden noch heute in Hardwick Hall gezeigt. Darunter ist diese Renaissancebordüre mit dem typischen Flechtwerkornament, das die Initialen M S zeigt. Sie wird deshalb mit dem Namen der Königin in Zusammenhang gebracht, freilich weiß niemand, ob sie die Borte eigenhändig gestickt hat.

Immerhin tut sich in diesem eigenartigen Muster, das in ähnlicher Form auch in Deutschland und Italien auftritt, die Welt des 16. Jahrhunderts vor uns auf mit ihrem eigenartigen Schönheitssinn, voll von Spannung und Vitalität.

FRANKREICH

Die französische Volkskunst wurde jahrhundertelang durch den Hof und die Adeligen beeinflußt. Pariser Vorbilder wirkten im ganzen Land. Im allgemeinen stand in Frankreich die Spitzenherstellung im Vordergrund, die Richelieuarbeit hat dort ihre Heimat, und in der Bretagne wurden zierliche Stickereien mit feinen Blüten und Ranken verfertigt.
Die gotischen Muster, die wir zeigen, stellen eine Vorform des Lebensbaumes dar, das Streumuster finden wir in ähnlicher Form auch in Italien wieder.

SPANIEN

Acht Jahrhunderte lang war Spanien von Arabern besetzt und besaß eine Kultur und Religion, die dem übrigen Europa fremd war. Hier begegneten sich zwei Erdteile, Europa und Afrika – hier erhielten sich aber auch die traditionellen, altertümlichen Lebensformen länger als anderswo. Vielleicht sind das die Gründe für die spanische Vorliebe für abstrakte und geometrische Formen. Die berühmten Stickereien von Lagartera bei Toledo erinnern an maurische Mosaikarbeiten. Am Ende des 15. Jahrhunderts blühte in Spanien und den Niederlanden die Schwarzweißstickerei, die im nächsten Jahrhundert überall beliebt wurde, eine zarte Stickerei auf weißer Leinwand, die durch ihren dünnen schwarzen Faden wie eine feine graphische Zeichnung wirkt.

Spanien

Der Gegensatz zwischen baskischem und südspanischem Volkstum kommt in diesen beiden Stickereien zum Ausdruck. Die obere Borte mit den ›Königen‹ ist baskisch, sie wirkt in ihrer Formelhaftigkeit höchst altertümlich. Die baskischen Bäuerinnen bestickten besonders Altardecken und Leichentücher mit solchen geometrischen Motiven.

Die untere Borte stammt aus Marokko, wird aber auch von den spanischen Stickerinnen verwendet, die ihre Erzeugnisse auf den Märkten verkauften. Die Verwendung des Zopfstiches, der im 17. Jahrhundert in ganz Europa gebräuchlich war, deutet auf das hohe Alter dieses Musters.

Die plastische Schönheit der Mittelmeerwelt hat auch die Stickerei mit weitwirkender Spannkraft erfüllt. Während in den schmalen Borten die Assisi-Stickerei überwiegt, bei der das Muster ausgespart wird und die sizilianische Arbeit (Mitte rechts) maurische Anklänge birgt, bewegt sich die obere breite Borte in den überlieferten Formen mit Doppeladler und französischer Lilie, eingespannt in ein unerbittliches Diagonalliniennetz.

Das unterste Motiv aber ist schon ganz aus dem Geist der Renaissance erwachsen, mit gepaarten Ranken und stilisierten Blumen und Bäumchen. Von unerhörter Großartigkeit aber ist die laufende Akanthuswelle (S. 94, 95), die sich in Italien in unzähligen Formen wiederholt, reich füllend und glänzend – ein Vorbild für die Stickerei aller benachbarten Länder, die jedoch seine künstlerische Höhe kaum je erreichten.

JUGOSLAWIEN

Am Schnittpunkt zwischen Ost und West gelegen, hat Jugoslawien balkanische, altchristliche und romanische Formelemente verarbeitet und dabei eine ganz eigenständige Stickerei entwickelt. Kroaten und Slowenen lieben Pflanzenmotive, in Serbien, das lange unter türkischer Herrschaft stand, herrscht das geometrische Ornament vor. Dalmatien war von italienischen Einflüssen abhängig, während sich im Süden türkischer Geschmack bemerkbar macht. Die roten und schwarzen Kreuzstichmuster Bosniens wirken dagegen schlicht. Neben Blüten, Tieren und Lebensbaum finden sich in Bosnien, Dalmatien, Bulgarien und Albanien unzählige geometrische Muster oder durch Abtreppung der Kontur geometrisierte und kaum mehr erkennbare Pflanzen.

JUGOSLAWIEN

In der alten oberkrainischen Stickerei sind die charakteristischen Kreuzsticharbeiten auf Leinen mit schwarzem, dunkelbraunem oder blau-rot kombiniertem Woll- oder Leinengarn gearbeitet. In Klöstern, Schlössern oder reicheren Bürgerhäusern verwendete man feineres Leinen und bestickte es mit schwarzem Seidenfaden. Neben Nelke und Herz findet man stilisierte Formen aus der Pflanzenwelt, aber auch geometrische Motive. Das 19. Jahrhundert bevorzugte rot-blaue Baumwolle auf feinem Leinen.

GRIECHENLAND

Die Stickereien auf dem griechischen Festland schmückten hauptsächlich die Tracht, während die Inselgriechen vor allem Bettvorhänge und Kissenbezüge in bäuerlicher Art bestickten. Der Stil hat sich dort, im Gegensatz zum Festland, in den letzten drei Jahrhunderten kaum gewandelt. Das mag im Traditionsbewußtsein wurzeln, einem Hauptmerkmal der bäuerlichen Bevölkerung, aber auch im Patriotismus, der auch während der türkischen Besetzung an den alten Mustern festhielt. Das ging so weit, daß in den Teilen Griechenlands, die am längsten unter türkischer Herrschaft standen, die Sticktradition am längsten erhalten blieb, erst in der zweiten Hälfte des 19. Jahrhunderts begann sie abzusterben.
Die abgebildeten Muster sind eine Ärmelborte und Bettdeckenbordüre von den Ionischen Inseln.

GRIECHENLAND

Auf großen Teilen des Festlandes und den griechischen Inseln wurde mit Seide auf Leinen oder Baumwolle gestickt, während in den bergigen Gegenden Mazedoniens und Südserbiens mit ihrer Schafzucht die Wollstickerei vorherrschte. Die Farben waren besonders in Kreta leuchtend, rot oder blau wurde bei einfarbigen Stickereien bevorzugt. Die türkisch beeinflußten Stickereien zeichneten sich durch ihre charakteristischen Pastelltöne aus. Schattierungen wurden dadurch erreicht, daß man die Stichlage wechselte.
Die nebenstehende Decke hat eine Klosterfrau in Mistra (Peloponnes) gearbeitet.

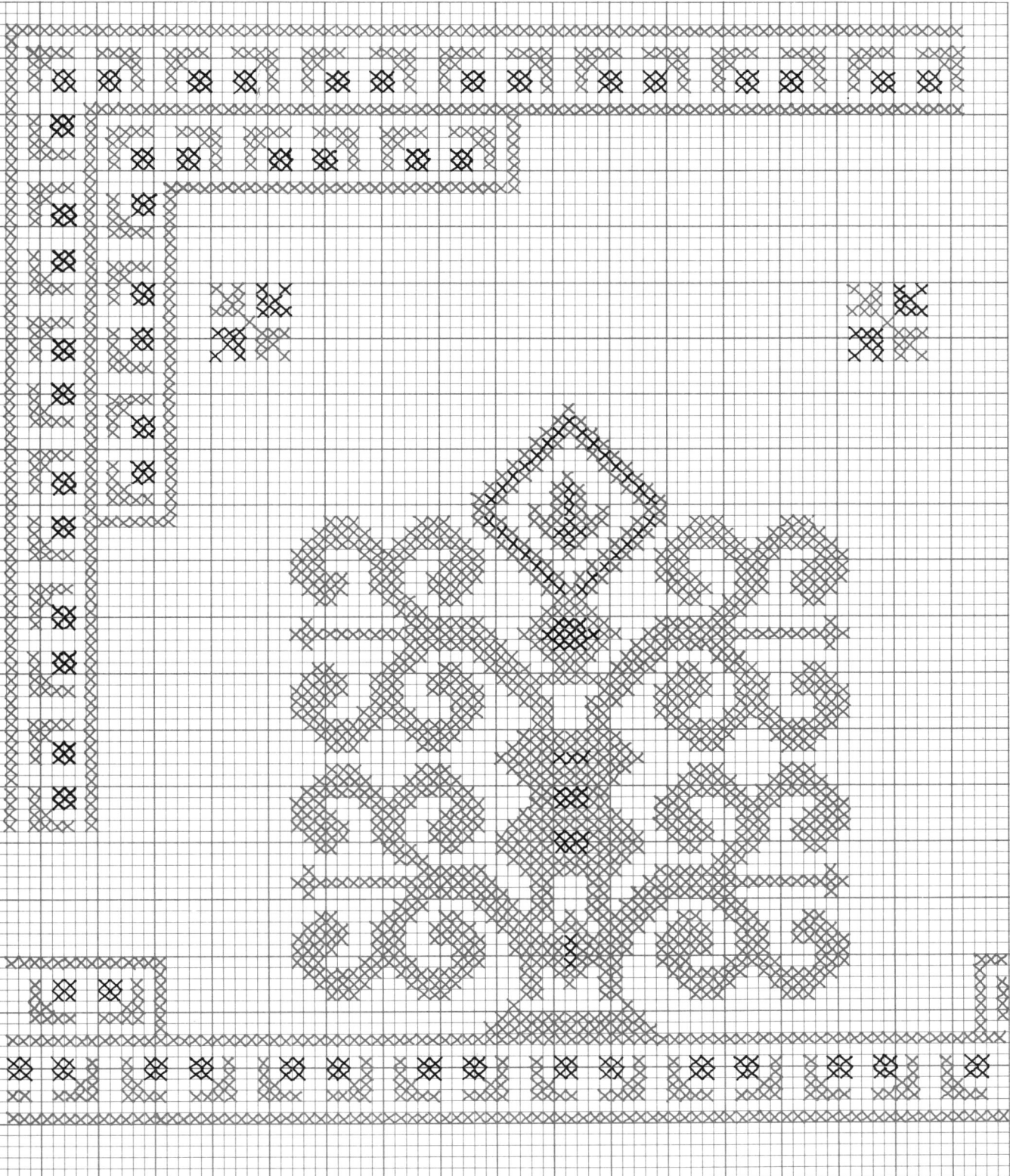

In dieser mazedonischen Stickerei kommt der Einfluß des Ostens in
besonderer Weise zum Ausdruck. Sie ist teppichhaft, in wundervoller
Farbigkeit mit den symbolhaften Zeichen des Kreuzes und Sternes.
Die Betonung liegt auf dem geometrischen Aufbau. Die obere Borte
kommt aus der Bukowina.

RUMÄNIEN

In der rumänischen Stickerei finden wir vor allem geometrische Muster, freilich haben die Türkeneinfälle auch fremde Einflüsse ins Land gebracht. Schmale, ohne Unterbrechung dahinfließende Muster, meist Variationen des griechischen Mäandermotivs sind seit alters kennzeichnend für die rumänische Kunstüberlieferung. Heute noch werden Stickereien in Rumänien dieser Musterung wegen ganz einfach als »riuri« (Flüsse) bezeichnet. Eine besondere Eigenart ist der Kontrast zwischen Grund und Ornament, die Vorliebe für bunte Farben und die Verwendung von Woll- oder Leinenfäden. Wo Stickereien in Gold und Silber mit pflanzlichen Motiven auftauchen, wie in Bessarabien oder im Banat, herrscht östlicher Einfluß vor.

Siebenbürgen

Inmitten der ausgeprägten Volkskunst Rumäniens erscheinen die Siebenbürgener Stickereien gleichsam als eine Insel. Seit dem 12. Jahrhundert leben in dem Beckengebiet der südöstlichen Karpathen eingewanderte deutsche Bauern. Wie stark sich die Volkstradition hier erhielt, zeigen die Stickereien in Kreuzstich, die an die Modelbücher des 16. Jahrhunderts erinnern und ein Beweis für die jahrhundertelange Verbindung dieser Kolonisten mit der Heimat sind. Orientalische Motive wie Granatapfel, Pfau und Nelke können durch die türkische Besetzung oder durch die Renaissance Eingang gefunden haben.

SIEBENBÜRGEN

Auch die Stickerei hat kultischen Charakter, auch sie war tief im Boden der Magie verwurzelt, tief in mythologische Vorstellungen eingebettet, die in sehr alte Zeiten zurückreichen. Vielleicht übte die Stickerei sogar die Funktion einer Bildersprache aus. Sie könnte für Menschen, die sie zu »lesen« verstehen, einen Sinn gehabt haben, der weit über das hinausgeht, was wir Heutigen erfassen können. Pfau, Stern, Vogel und Nelke, diese beliebtesten Motive der Siebenbürger Stickerei, sind wohl als die Träger solcher urtümlichen Vorstellungen zu betrachten.

Ungarn

Bordüren an Bettlaken.
»Erreicht das Mädchen das heiratsfähige Alter, so verändert sich auch das Innere des Hauses. Dann beschränkt sich das alltägliche Leben der Familie auf die einfacher eingerichtete kleinere Stube, während die größere »gute« Stube ausgeschmückt wird, damit die Tochter des Hauses ihren Verehrer dort empfangen kann. In der Ecke der guten Stube steht das Bett, dessen hochgetürmtes Bettzeug mitunter bis an die Decke reicht und den wichtigsten Teil der Ausstattung des Mädchens bildet. Die Kissen und Federbetten erhalten im ganzen Land buntgewebte oder schöngestickte Überzüge. Dieses Bettzeug wird nicht benützt, es soll bloß bezeugen, daß die Mutter die Verheiratung ihrer Tochter gebührend vorbereitet hat«. (Ungarische Bauernkunst S. 15)
Typische Kennzeichen der ungarischen Stickerei: Streben nach Symmetrie, Verwendung von großen Blumen, eine gewisse Ungebundenheit und Großzügigkeit in der Ausfüllung des Raumes.

Ungarn

Der Pelikan mit den Jungen im Nest ist ein Motiv, das sich außerordentlicher Beliebtheit erfreut. Das vorliegende Muster stammt aus Ungarn, es ist aber in kaum veränderter Form auch auf Sitzkissen englischer Kathedralen (Gloucester) wiederzufinden. Der Pelikan ist ein Abbild Christi, der sich die Brust durchbohren läßt, und sein Herzblut für die Seinen hingibt. Der Grund für die weite Verbreitung dieses Motivs ist also der religiöse Gehalt. Das untere Randmuster zeigt große Ähnlichkeit mit einer Tiroler Borte (S. 57), hat sich aber dem ungarischen Geschmack angepaßt. (Nach: Ungarische Bauernkunst, Bildteil Nr. 86.)

116

Ungarn

Es ist reizvoll, die Herkunft einzelner Motive zu untersuchen. In Innsbruck und Budapest erscheint das gleiche Muster auf der Schmalseite eines Prunklakens: der Maikrug typisch italienischer Herkunft. Weniger italienisch sind die Nelken und Sterne, die aus der Vase emporsteigen, sie sind mittelalterlichen, bez. östlichen Ursprungs. Ganz altertümlich aber erscheint das Flechtwerkornament, das in der gleichen Form auf dem »Gößer Ornat« erscheint, einer steirischen Seidenstickerei aus der Zeit zwischen 1239 und 1269 (Wien).

Dieser Rückgriff auf ältere Motive ist für die gesamte Stickerei typisch. Es wäre nun sehr verführerisch, aus den einzelnen Komponenten auf die Herkunft solcher Stickereien schließen zu wollen. Aber so einfach liegen die Dinge nicht. Zu weiträumig waren die Verhältnisse, zu fluktuierend der Austausch der Muster, und mit Staunen betrachtet man immer wieder die räumlichen Entfernungen, innerhalb derer dasselbe Muster auftaucht.

POLEN

In Polen bestanden lange Zeit große Unterschiede im künstlerischen
Niveau der höfischen, adeligen, bürgerlichen und bäuerlichen Schicht.
Die Masse der Bauern pflegte eine Volkskunst, die sich auf überlieferte
Schematas und Praktiken stützte, und von einer Generation auf die
andere überging. Die Oberschicht dagegen bevorzugte die deutschen
Modelbücher und pflegte eine urbane Textilkunst, die allerdings nicht
frei von nationalen Elementen blieb. Das Vorbild Sibmachers (S. 85)
wird in Polen umgewandelt. Hier fehlt das Zentralmotiv, in enger
Folge drängt sich Vogel an Vogel. Ein höchst altertümliches Sternmuster steht zwischen den zwei gegenüberliegenden Vogelborten, wie das
bei den Stickereien an den Schmalseiten der Kopfkissen üblich war.
Alte und neue Formen mischen sich in eindrucksvoller Weise.

POLEN

Die bäuerliche Formenwelt polnischer Stickereien ist in ihrer derb-naiven Art von besonderer Ausdruckskraft. Pflanzliche Motive bilden die Vorlage und sind oft bis zur Unkenntlichkeit stilisiert und ins Geometrische abgewandelt. Ein eigenartiges, ruckweises Absetzen des Ornaments ist charakteristisch. Solche vereinfachten Muster bedürfen keiner Vorzeichnungen und Musterbücher, sie können auswendig gestickt werden und sind auch den einfachsten Bevölkerungsschichten zugänglich.

Die Stickerei war eng mit der Tracht verbunden und zierte vor allem den Hemdausschnitt mit schwarzen oder roten geometrischen Mustern. Wie in der polnischen Weberei ist die Vorliebe für bunte Farben besonders bemerkenswert.

POLEN

Der Geschmack des Mittelalters hinterließ in Osteuropa eine bleibende Wirkung. Die auf Möbeln, Stickereien und Webarbeiten vielfach bis in unser Jahrhundert vorherrschende Farbharmonie von blau-rot und blau-schwarz haben ihren Ursprung in diesem Zeitalter. Besonders die frühmittelalterlichen geometrischen Ornamente sind zu einem organischen Bestandteil der Volkskunst geworden. Auch nach dem Aufkommen der verzweigten Blumensträuße und des ungebundenen Rankenwerks hat sich diese, aus dichten Linien streng konstruierte Ornamentik bis in unsere Tage erhalten.

UKRAINE

Die russische Stickerei ist von dem bunten Völkergemisch des Landes bestimmt. Im Nordwesten überwiegt der finnische Einfluß, neben Rauten und Kreuzmustern finden sich stilisierte Figuren. Besonders häufig begegnet eine Gestalt mit erhobenen Händen, wie sie schon in der byzantinischen und frühchristlichen Kunst üblich war.

Während in der russischen Stickerei, ebenso wie in den Balkanländern Rot und Schwarz die vorherrschenden Farben waren, steht die Ukraine unter anderen Einflüssen. Wie in Rumänien verwendet man dort mit Vorliebe bunte Farben. Das teppichähnliche Muster wird durch Schrägstiche hervorgehoben und streng begrenzt.

Im 16. Jahrhundert wurde die Antike wiederentdeckt, ihre Kunstform und ihre Götterwelt zu neuem Leben erweckt. Dem einfachen Volk blieben die Vorstellungen der humanistisch gebildeten Oberschicht fremd, es hielt sich statt dessen an die Gestalten des Alten Testaments. Daß sich diese Strömung nicht nur in reformierten Kreisen durchsetzte, zeigen Weberei, Stickerei und Modeldrucke, die häufig alttestamentliche Ereignisse zum Vorbild haben. Freilich erreichen nur wenige die Eindringlichkeit dieser Stickerei, die trotz ihrer geometrischen Gebundenheit die Figuren Adams und Evas aufs lebendigste charakterisiert.

DÄNEMARK

Die Ausstattung der dänischen Wohnräume mit gewebten, geknüpften und gestickten Decken und Kissen knüpft an alte Traditionen an. Neben der Weißstickerei von Amager und Seeland dienten vor allem die deutschen Musterbücher wie Sibmacher als Vorbild, aber auch Mustertücher mit Schiffen, Schlössern und Reitern. Die Seeleute von Amagen brachten gemusterte Seidentücher aus Barcelona nach Hause, auf welche die Frauen leuchtende Blumenmuster stickten. Aus Gründen der Sparsamkeit wurde die eine Hälfte des Tuches in Fest-, die andere in Trauerfarben gehalten.

Der nebenstehende Vogel ziert ein Taschentuch aus Amager (Ende 18. Jh.), die Borte ein südjütländisches Kissen.

SCHWEDEN

Die heilige Bridget, die 1360 die Abtei Vadstena gründete, hat ihren 60 Nonnen nicht nur religiöse Übungen, sondern intensive Beschäftigung vorgeschrieben, bei der textile Arbeiten eine große Rolle spielten. In einer großen Halle verfertigten die Schwestern Woll- und Leinentuch für Kleidung und Bettwäsche. Das weiße Leinen für Kirchenwäsche und Gewänder war die Grundlage für Stickereien.

Gewebte oder bestickte Wandbehänge, Decken für Betten und Bänke, Schlitten und Kutschen, Tischdecken und Bettüberzüge waren jahrhundertelang in Gebrauch, geometrische Muster gab es schon im 11. und 12. Jahrhundert und Elemente aus dem Mittelalter hat die Stickerei sehr lange bewahrt.

Erst als im 15. Jahrhundert die Ausmalung der Innenräume üblich wurde, starb der alte Brauch der Wandbehänge aus mit Ausnahme des südwestlichen Teiles von Schweden.

Die Borten links oben können zu beiden Seiten eines Webstreifens angeordnet werden.

Das Herzmuster auf dem Vorsatzpapier ist eine Hemdverzierung aus Gästrikland und wurde vom Nordiska Museet, Stockholm, zur Verfügung gestellt.

NORWEGEN

In Skandinavien verlangten die Wände aus unbehauenen Baumstämmen einen Behang, um das Innere des Hauses wohnlich zu machen. Seit alters wurden diese Tücher gewebt und die Ornamente der Weberei wirkten auch auf die Stickerei ein. Charakteristisch ist die Aneinanderreihung von Figuren; Blumenmuster und Ranken sind nur selten zu finden. Wie auf den Webereien wiederholt sich dasselbe Muster in gleichmäßiger Streifenanordnung. In Norwegen und den baltischen Provinzen sind die Grundfarben streng. In tiefem Rot, dunklem Blau, Flaschengrün, Violett sind die norwegischen Muster ausgeführt, oft füllen kleine Punkte den dazwischenliegenden Grund. Bei der Leinenstickerei sind Rot und Schwarz oder Blau und Rot die bevorzugten Farben.
Nebenstehende Muster befinden sich an mittelalterlichen Webereien.

KARELIEN

Es gehört zu den erregendsten Erscheinungen der Textilkunst, daß ihre Grundthemen über weite Entfernungen wiederkehren. Die Gestalten auf der nebenstehenden Stickerei im finnischen Nationalmuseum Helsingfors treffen wir auf einem uralten oberösterreichischen Mustertuch wieder, dort heißen sie »Große Göttin« (S. 60).

Zu beiden Mustern aber paßt die Schilderung eines russischen Frühlingsbrauches, der sich bis 1941 gehalten haben soll und in dem ein besticktes Tuch die Hauptrolle spielte. In einer freistehenden Birke sah man die Personifizierung der »Großen Göttin«, »man legte ihr Frauenkleider an und hing an ihren Zweigen ein Kultlinnen auf, das in Rotstickerei das Bild der Großen Göttin, ihrer Diener und Attribute zeigte ... Seine Stickmuster folgten uralten Vorbildern. Die Göttin bildete auf jeden Fall das Zentralmotiv ... der Hintergrund des kultischen Tuches zeigte Sonnensymbole wie Hahn, Pferd, Ente, Hase und Feuervogel.« (T. T. Rice, zitiert in: F. Lipp, Gestickte Volkskunst S. 3–4)

Die finnische Textilkunst ist beherrscht von geometrischen Motiven, besonders von Rauten- und Kreuzmustern und stilisierten Figuren, ein Typus, der sich auch im benachbarten Rußland wiederfindet. Wir kennen sogar die Namen der Muster: Spornräder, Hasenfüße, Innenkniee, Kreuzaugen, Fensterchen. Die vielen Farben – rot, gelb, orange, blau, grün, schwarz – geben den Stickereien trotz ihrer strengen Musterung ein abwechslungsreiches, festliches Gepräge.
Nebenstehende Muster wurden vom Museovirasto Helsinki zur Verfügung gestellt.

3. Auflage 1997
© 1992 Rosenheimer Verlagshaus
GmbH & Co. KG, Rosenheim
Dieses Buch ist eine Sonderausgabe, die die beiden Bücher von
Irmgard Gierl »Festliche Stickereien«, erste Auflage 1984, und
»Europäische Stickereien«, erste Auflage 1976, beinhaltet.
Stickmusterzeichnungen: Ilse Schwaiger, München
Titelfoto: Kurt Schubert, Prien am Chiemsee
Druck und Bindung: Danubia Print, Bratislava, Slowakei
ISBN 3-475-52734-0

Literatur

Andersen, E. Dänische Volkstextilien, in: Ciba Rundschau 113.
Basel, 1954 / *Biel, J.* Alte Kreuzstichmuster, Chur o. J. / *Bode
Kühnel,* Vorderasiatische Knüpfteppiche, Braunschweig 1955 /
Bossert, H. Th. Ornamente der Volkskunst, Tübingen 1949 /
Branting, A. Medieval embroideries and textiles in Sweden,
Uppsala, Stockholm 1932 / *Carbonell, D.* Winchester Cathedral
Embroideries, Winchester 1975 / *Curti, P. N.* Kreuzstich- und
Filetmuster aus Graubünden, Chur 1929 / *Chatzemichale, A.*
Stickereien aus Trikeri, Athen 1951 / *Digby, G.* Elisabethan
embroidery, London 1963 / *Dillmont, Th. de* Enzyklopädie der
weiblichen Handarbeiten, Mühlhausen o. J. / *Egg, E.* Die Kunst
der Seidensticker im Umkreis des Innsbrucker Hofes. Inns-
bruck 1962 / *Fél, Hofer, Csillery,* Ungarische Bauernkunst,
Budapest 1958 / *Fél E.* Ungarische Volksstickerei, Budapest
1961 / *Fürst, R.* Daß Neue Modelbuch, Nürnberg 1666 /
Grönwoldt, R. Webereien und Stickereien aus dem Mittelalter,
Hannover 1964 / *Haak, H.* Echte Teppiche, München 1957 /
Hansen, H. J. Europas Volkskunst, Oldenburg 1967 / *Hopf, C.*
Anatolische Stickereien, Leipzig 1912–13 / *Johnstone, P.* Greek
island embroidery, London 1961 / *King, D.* Samplers, London
1960 / *Kendrick, A. F.* Englisch needlework, London 1967 /
Kurth, B. Die europäische Bildstickerei im Mittelalter, in: Ciba
Rundschau 48, Basel 1941 / *Lambert, A.* Volkstümliche Textil-
kunst, in: Ciba Rundschau 37, Basel 1939 / *Langematz, Nedo.*
Sorbische Volkskunst, Bautzen o. J. / *Lipp, F.* Kreuzsticharbei-
ten – eine Volks- und Glaubenskunst, Vorwort zu: Gestickte
Volkskunst, Kreuzstichmuster aus Oberösterreich, Linz / *Lotz,
A.* Bibliographie der Modelbücher, Leipzig 1933 / *Magyar
Iparmüveszet,* Budapest 1935, 1938 / *Mankowski, T.* Polnische
Webarbeiten und Stickereien, Wrochlaw 1954 / *Meulenbert, A.*
Embroidery Motifs from Dutch samplers, Niewburg / *Moura,
C.* Traditional embroidery of Portugal, London 1952 / *Niklsba-
cher-Bregar, N.* Narodne Vezenine na Slovenskem, Ljubljani
1967 / *Petersen, G.* Borders for Embroidery, London 1973 /
Pleše, A. Die kroatische Volksstickerei, Zagreb 1954 / *Rabotno-
va,* Russische Volksstickerei, Moskau 1957 / *Rice, T. T.* Die
Skythen ein Steppenvolk an der Zeitenwende, Köln, 1957 /
Richter, J. Chr. Färbemusterbuch, Egloffstein 1791, Handschr.
/ *Saltzlechner, L.* Leisten Buech, Kirchbichl 1710, Handschr. /
Schwindt, Th. Finnische Ornamente, Stickornamente, 1895
o. O. / *Schuette, Müller-Christensen* Das Stickereiwerk, Tübin-
gen 1963 / *Sibmacher, H.* Schön neues Modelbuch, Nürnberg
1601 / *Stroju, L.* Haft i Zdobienie, Warszawa 1955 / *Swain, M.*
The Needlework of Mary Queen of Scots, London 1973 /
Vavassore, Z. A. Esenplario di lavori, Venedig um 1530 /
Wardle, P. Guide to English Embroidery, London 1970 /
Zaloziecky, W. Byzanz und das Abendland, Salzburg 1936

Quellennachweis

Bredsten, Engelsholm, Folkelige Broderiers / *Chur,* Rhäti-
sches Museum / *Drammen,* Drammens Museum / *Helsinki,*
Museovirasto / *Innsbruck,* Tiroler Volkskunstmuseum / *Linz,*
Schloßmuseum / *London,* Viktoria and Albert Museum / *Nürn-
berg,* Germanisches Nationalmuseum / *Oslo,* Norsk Folkemu-
seum / *Paris,* Musée National des Arts et Traditions populaires /
St. Gallen, Industrie- und Gewerbemuseum / *Stockholm,*
Nordiska museet
Für ihr liebenswürdiges Entgegenkommen danke ich Dr. F.
Lipp, Linz / Dr. F. Colleselli, Innsbruck / G. Andresen, Bredsten / Chr. Caprez-Casty, Trins Digg / Dr. B. Deneke, Nürnberg / Dr. E. Hidemark, Stockholm / M. L. Kaasalainen, Helsinki / Dr. P. Quentel, Basel / U. Schätzel, Dortmund / A.
Vogel, München / D. Riedl, Salzburg, die einen großen Teil der
Stickereien ausgeführt hat / Elly Koch, Chur, für die Überlas-
sung von Stickmustern, die sie im Gewerbe- und Industriemu-
seum St. Gallen abgezeichnet hat / meiner Tochter Angelika für
ihre unermüdlichen Bemühungen in englischen Museen und bei
der Ausführung der Stickereien.

Wenn auch der Reiz dieser Mustersammlung auf künstlerischem
und kulturhistorischem Gebiet beruht, so liegt doch der Haupt-
zweck darin, diese köstlichen kleinen Gebilde wieder allgemein
zugänglich zu machen und zum Leben zu erwecken. Die Auswahl der Muster erfolgte in hohem Maße in Hinblick auf ihre
praktische Verwertbarkeit. Allerdings war sie auch abhängig
vom Entgegenkommen der einzelnen Museen und Sammlungen,
die nicht immer Material zur Verfügung stellten. Aus der Fülle
des Gesammelten konnte nur ein Teil veröffentlicht werden.